W9-BNU-763

GRANDES MEXICANOS ILUSTRES

AGUSTÍN LARA

Luis Carlos Buraya

DASTÍN, S.L.

© DASTIN, S.L.
Polígono Industrial Európolis, calle M, 9
28230 Las Rozas - Madrid (España)
Tel: + (34) 916 375 254
Fax: + (34) 916 361 256
e-mail: info@dastin.es
www.dastin.es

Edición Especial para:
EDICIONES Y DISTRIBUCIONES
PROMO LIBRO, S.A. DE C.V.

I.S.B.N.: 84-492-0323-6
Depósito legal: M-15.906-2003
Coordinación de la colección: Raquel Gómez

Quedan rigurosamente prohibidas, sin la autorización expresa y por escrito de los ti-
tulares del copyright, bajo las sanciones establecidas por las leyes, la reproducción total o parcial de esta obra por cualquier método o procedimiento, comprendidos la re-
prografía y el tratamiento informático, así como la distribución de ejemplares de la
misma mediante alquiler o préstamos públicos.

Impreso en España - Printed in Spain

Los jarochos nacemos con un cascabel en el corazón, con un poco de tristeza en el alma y con muy poco dinero en los bolsillos, ¡pero somos muy felices!

Agustín Lara.

Introducción

AGUSTÍN Lara era un jarocho, un jarocho que nació un buen día con un cascabel en el corazón cuando llegaba, con él, un nuevo siglo. Quizá nació con un poco de tristeza en el alma, quizá tuvo (sólo en ocasiones) poco dinero en los bolsillo, pero lo que es evidente es que fue feliz. Feliz con la vida, agradecido a la vida, y feliz consigo mismo y con cuanto le rodeó.

Ángel Agustín María Carlos Fausto Mariano Alfonso del Sagrado Corazón Lara y Aguirre del Pino, Agustín Lara, El Flaco de Oro, fue sin duda el compositor más importante de la historia de la música hispana. El más prolífico y genial, autor de cientos de canciones que hoy son conocidas en todo el planeta y que, de hecho, se han convertido, muchas de ellas, en auténticos himnos que hoy forman parte de la historia de ciudades y de gentes, y forman parte también, y quizá esto es lo más importante, del corazón de millones de personas.

Sus boleros, sus pasodobles, sus danzones, sus valses... todos tienen algo de mágico. Tienen una cualidad que muy pocos creadores han sabido imprimirle a sus creaciones: se enganchan en el alma. En Agustín Lara se da una circunstancia especial y sorprendente: cuando se escucha una canción suya ya no se olvida, aunque sólo se haya escuchado una vez. Se queda ahí, escondida en alguna parte del intelecto, y cuando se vuelve a escuchar, aunque hayan pasado años, se recuerda. Eso se llama, sencillamente, personalidad. Y el Flaco la tenía en cantidades cósmicas.

Agustín Lara ponía el alma, toda el alma, en cuanto creaba, y en realidad, en cuanto hacía en su vida normal. Tenía más amigos que nadie, más amantes que nadie, más admiradores y admiradoras que nadie... y no le daba importancia. Decía que era cursi porque le gustaba ser cursi; los «machos muy machos» le parecían en realidad unos débiles, y la sensibilidad valía para él más que la fuerza. Decía que le gustaba explotar su lado más femenino, pero era el hombre menos afeminado que quepa imaginar. Era coqueto, presumido, pero a la vez era feo, muy feo. Y enloquecía a las mujeres...

En este libro vamos a tratar de recordar a Agustín Lara desde su propio universo, a través de sus recuerdos y de sus frases, de sus conceptos, de su sentido del humor y de su sentido del amor. Y a través también de los recuerdos de sus amigos, de las anécdotas de su vida y del sentimiento que hacia él tenían muchos hombres y mujeres que le conocieron. Y hay algo en lo que todos coinciden: ese sentimiento hacia Agustín Lara era, es, bueno, muy bueno. No hay nada, dicen, como dejar amigos atrás a la hora de irse. Por eso es bonito lo que Agustín Lara consiguió.

No se trata, pues, de hacer una biografía más, de colocar una tras otra fechas y datos, sino de dar unos «saltos» por la vida del genial Flaco para recordar con él partes de esa vida que quizá hoy se hayan olvidado o no sean suficientemente conocidas.

Anécdotas, opiniones, algunas entrevistas especialmente brillantes que permiten conocerle mucho más a fondo, ver su alma desde fuera. Eso trata de ser este libro: un vistazo a un genio llamado Agustín Lara.

Capítulo Primero

«HE amado y he tenido la gloriosa dicha de que me amen. Las mujeres de mi vida se cuentan por docenas. He dado miles de besos y la esencia de mis manos se ha gastado en caricias, dejándolas apergaminadas. He tocado kilómetros de teclas de piano y con las notas de mis canciones se pueden componer más sinfonías que las de Beethoven. Tres veces he tenido la fortuna (fortunas, no tonterías) y tres veces la he perdido. Las joyas que he regalado, puestas como estrellas del cielo, podrían formar la Osa Mayor en una refulgente constelación de diamantes, esmeraldas, rubíes, zafiros y perlas. Hablo el francés como si fuera mi idioma, y el Señor de los Señores me otorgó la divina gracia de la musicalidad. Y con ello, lo mismo puedo componer un pasodoble español que una java francesa, una tarantela italiana o un lied alemán. He gastado más de dos mil trajes de finos *cahsmirs* ingleses muy bien cortados, y los coches que he poseído podrían formar una hilera desde los Indios Verdes a las pirámides de Teotihuacán.

He tenido junto a mi perfil de cara dura a los rostros más bellos de este siglo, a partir de Celia Montalván. Soy un ingrediente nacional como el hepazote o el tequila. Pero en el fondo soy más Werther que Dorian Grey. No soy apocado para el pecado y amar ha sido el capital de los míos. Soy ridículamente cursi y me gusta serlo. Porque la mía es una sinceridad que los otros rehúyen. Cualquiera que es romántico tiene un fino sentido de lo cursi, y no desecharlo es una

9

posición de inteligencia. A las mujeres les gusta que así sea y no por ellas voy a preferir a los hombres. Por ser así, es también una parte de la personalidad del artista, y no voy a renunciar a ella para ser, como tantos, un hombre duro, un payaso de máscaras hechas, de impasibilidades estudiadas. Vibro con lo que es más tenso y si mi emoción no la puedo traducir más que en el barroco lenguaje de lo cursi, de ello no me avergüenzo, porque soy bienintencionado. Quiero morir católico... ¡pero lo más tarde posible!»

Es difícil encontrar una definición más perfecta, más ajustada, más concreta y más hermosa que ésta para definir a Ángel Agustín María Carlos Fausto Mariano Alfonso del Sagrado Corazón Lara y Aguirre del Pino, Agustín Lara, El Flaco de Oro. Pero esta definición no tiene mérito, pues no es fruto de un análisis ajeno. Es, sencillamente, un vistazo a su propia vida que un hombre genial, especial y muy diferente a cuantos le rodeaban, decidió dar un bien día. Un puñado de frases con las que, de una manera tan bella como ingeniosa y genial, Lara resumió su vida y su carácter para un amigo, el periodista José Natividad Rosales, quien a buen seguro, cuando le preguntó por su vida y su alma, no esperaba tan extensa, cumplida y brillante respuesta.

El hombre que nació donde y cuando quiso

El hombre que llevó ese breve y conciso nombre que antes mencionábamos nació, según él mismo decía y según los testimonios más fiables entre los pocos que existen sobre el tema, en Tlacopalpán, el 30 de octubre 1900. Pero otros datos teóricamente oficiales afirman que vio la luz por primera vez en la capital de México, el 30 de octubre de 1897...

Este eterno tema de discusión sobre si nació en la ciudad de México en 1897, en el callejón del Cuervo (ahora calle de Colombia), o de si nació en Tlacotalpán, Veracruz, tres años después, el mismo 30 de octubre, dicen que quedó claro el día que Jacobo Zabludovski dio a conocer la única partida de nacimiento que existe de Agustín Lara, y que confirma que éste tuvo lugar en la ciudad de México en 1897. Sin embargo, en Veracruz y en otros muchos lugares aseguran que el Flaco nació a la orilla del río Papaloapan. Y aunque un oficio del registro civil de Tlacotalpán, fechado en 1941, hace constar que ahí no existe ningún registro de su nacimiento, sí existen en cambio varias personas que testifican haber conocido a Agustín Lara desde el día de su nacimiento, en 1900...

Lo cierto es que nunca nadie llegó a saber si uno u otro dato eran exactos. A Lara siempre le gustó que una cierta bruma, un cierto halo de misterio, rodease su vida, incluso desde el mismo día de su alumbramiento. Pero él siempre mantuvo la primera de estas dos «hipótesis» que mencionamos.

«Ahí nací en un día de octubre, durante las crecidas del río; en ese pueblecito abanicado por las brisas del Papaloapán, donde está mi Casita Blanca, y donde un día me gustaría morir...».

«Yo no recuerdo que Agustín Lara haya dicho nunca una verdad. Era un mentiroso profesional», comentaba el periodista Paco Ignacio Taibo I, amigo íntimo de Lara y quien a finales de los años 60 fue contratado por el compositor para hacer doce programas de televisión, que no fueron terminados, porque lo impidió la muerte del Flaco... Pero, en cambio, para los escritores Ricardo Garibay y Carlos Monsiváis, también amigos eternos del gran compositor, el lugar de su nacimiento no tiene importancia. «Nació donde quiso nacer», dijo, y muy bien, Monsiváis...

Tlacotalpán

Porque lo cierto es que Lara vino al mundo donde quiso hacerlo, y ese lugar, independientemente de lo que resulte ser verdad, fue Tlacotalpán.

Este pueblecito veracruzano fue declarado Patrimonio de la Humanidad por su belleza y el valor arquitectónico de muchos de sus edificios; los treinta mil habitantes del lugar están firmemente convencidos de que allí fue donde en realidad vino al mundo Agustín Lara, y no permiten discusión al respecto; de hecho, casi al final de la calle principal encontramos una casita amarilla en la que una placa indica que estamos ante la casa en la que nació el genial Flaco de Oro.

Muchos de los establecimientos comerciales del pueblo llevan el nombre de Lara. Y en una placita, una estatua del músico rememora su recuerdo. Pero también en el puerto de Veracruz consideran al artista como algo propio, algo de la tierra. No en vano en ese puerto pasó El Flaco innumerables temporadas, y allí llevaba a sus invitados de la Casita Blanca...

Lo que sí es historia contrastada es que nació en el seno de una familia acomodada. Sus padres, el doctor Joaquín Lara y doña María Aguirre del Pino, disfrutaban de una buena posición, y el pequeño pasó sus primeros años feliz y sin problemas. Y con sólo dos o tres años, surgió en él la pasión por la música, que sería toda su vida. Oía a su padre tocar el piano en el salón de su casa y se quedaba prendado ante el sonido del instrumento, ante aquel mágico vuelo de las manos sobre el teclado, al que sabían arrancarle aquellos maravillosos sonidos.

En Tlacotalpán transcurrieron sus primeros seis años de vida, y también allí nacieron dos de sus hermanos, a orillas del río Papaloapán. Cumplió seis años cuando sus padres se trasladaron a la ciudad de México por cuestiones de trabajo. Y por esas mismas cuestiones, el pequeño Agustín fue dejado al cuidado de su tía Refugio Aguirre del Pino, quien a la sazón era directora del hospicio de Coyocán. De esta manera, sin ser huérfano, Lara vivió en un hospicio los primeros años de su infancia.

El primer piano, las primeras notas...

En esa institución, más parecida a un internado que a un hospicio, el pequeño Agustín se encontró por primera vez en su vida ante un teclado, un viejo armonio que, desde el primer momento, le enloqueció hasta el punto de que resultaba difícil separarle de él.

En aquel armonio improvisó sus primeras notas, y con él su atracción por la música empezó a convertirse en vocación, siendo la profesora Luz Torres Torrija, su maestra de piano, quien se encargó de su primer aprendizaje musical.

A la vista de su entusiasmo, se decidió que recibiera clases de música, y especialmente de piano, instrumento para el que se le veía extraordinariamente bien dotado; como Mozart, aprendía de oído y «a la primera» cualquier melodía, y al segundo intento ya la ejecutaba casi a la perfección. Para sus mayores, era algo asombroso. De hecho, se negaba a leer las partituras, pues la música le salía de forma natural, se le quedaba grabada hasta la última nota, y luego la música fluía como un río... una curiosa forma de aprender. Su primera profesora, doña Luz Torres Torrija, se desesperaba ante la pasión autodidacta del niño, pero a la vez se sentía orgullosa y admirada ante sus dotes. Lara y el piano eran como un solo ser, un único ente que funcionaba al unísono. Cuando, muchos años más tarde, le preguntaban por esa increíble comunión que existía entre él y su piano, una de sus respuestas, la más hermosa, fue ésta:

«Sí, indudablemente, estoy convencido de que el piano tiene vida, de que uno puede dialogar con él, hablarle, decirle las cosas que trae uno adentro, muy adentro... Pero esa vida, mi hermano, esa vida hay que sabérsela infundir al piano.»

Así, cuando cumplió los doce años el pequeño Agustín era algo más que eso que se llama un niño prodigio; era ya casi un músico profesional, un instrumentista experto y, sobre todo, un creador asombroso. Con una docena de años a sus espaldas, ya componía melodías con diferentes ritmos y de diferentes estilos con una facilidad pasmosa, respetando cada estilo, cada forma, y dotando a sus creaciones de una personalidad que ya empezaba a resultar inconfundible. Podía componer un fox como podía crear un tango o un danzón, sin olvidarse del vals y haciendo incursiones en temas de raíz clásica.

Un «profesional» de doce años

Vivía de nuevo con su familia, en su casa de la ciudad de México, cuando la Revolución empezó a hacer estragos en la economía familiar. El caos económico que vivía el país hizo mella en la fortuna paterna, y gran parte de los negocios de su padre, así como sus posesiones, se convirtieron en aire. Hasta el punto de que la familia se vio obligada a alquilar varias habitaciones de su amplia casa para hacer frente a los gastos que ésta acarreaba. Y fue uno de los huéspedes de su familia, un hombre dicharachero, juerguista y amante de la música, quien consiguió para Agustín su primer trabajo, un trabajo que, ciertamente, no resultaba demasiado apropiado para un niño. Al huésped le gustaba mucho la forma de tocar del pequeño Agustín, y le convenció para que empezase a trabajar en el local de una amiga suya, sin que sus padres tuvieran que enterarse... Y de esta forma, a los doce años de edad, Agustín Lara ingresó como pianista en un burdel, sin que nadie de su familia supiera que había aceptado tal empleo. Para el niño, aquel trabajo supuso un orgullo y un primer paso que llevaba tiempo esperando dar. A lo largo de su vida nunca olvidaría Lara aquel primer trabajo, y lo que en él vio se le quedó grabado a fuego en su espíritu, cosa que se evidencia en muchas de las canciones que, a lo largo del tiempo, iría dando a luz, temas como «Aventurera», «Pecadora», «Una cualquiera» o «Te vendes...», piezas nacidas de aquellos primeros recuerdos imborrables, inspiradas en tristes personajes que conoció muy bien, y que seguiría frecuentando pocos años después, cuando definitivamente su vida se uniese firmemente a estos ambientes merced a su trabajo como pianista de cabaret.

De la escuela militar... al cabaret

Pero aquella felicidad laboral duró poco, ya que su padre pronto tuvo noticia de sus escarceos profesionales; un día, cuando

Agustín aún no había cumplido los trece años, llegó tarde a una tertulia taurina en la que participaba su padre, que acababa de regresar de un viaje y no estaba al corriente de la «doble vida» de su chamaco; llegó con retraso a causa de su trabajo en el burdel, y esa fue la causa de que su familia descubriera sus actividades. Su padre, indignado, en un primer momento lo echó de casa, pero poco después se arrepintió, lo acogió de nuevo... y cortó de raíz la naciente carrera del díscolo pianista internándolo de inmediato en una escuela militar.

Tras el primer año en la escuela, sus resultados académicos no fueron precisamente brillantes, y su padre decidió enviarlo a una localidad del norte del país, Durango, a que aprendiera lo que era el trabajo duro. Pero gracias a su madre, a las pocas semanas consiguió que su padre le perdonase y volvió a la escuela militar.

En aquella escuela tuvo que pasar Lara una larga temporada, bastante indignado con su familia y añorando a cada minuto su amada música. Pero la disciplina a la que fue sometido no cambió un ápice ni su afición ni su decisión futura de ser músico. Y pocos años después, ya liberado de sus cadenas de la escuela militar, retornó inmediatamente a su antigua «profesión», ingresando como pianista en un cabaret de la ciudad de México.

Por fin, en 1927, su vida empezó a cambiar. Libre ya de la escuela y de las ataduras castrenses, volvió de lleno a la música y lo primero que hizo fue buscarse un trabajo en un cabaret del rumbo Santa María la Redonda. Allí fue donde una de sus novias le marcó la cara de por vida.

Eran muchas las novias que ya por entonces tenía Agustín Lara, quien con cierta sorna achacaba ese constante ajetreo amoroso a que «era muy enamoradizo». Sus correrías galantes eran innumerables, pese a que no podía presumir, ni mucho menos, de guapo. Y aún menos guapo quedó después de que una de ellas, en un ataque de celos, le cortase la cara con una botella rota, regalándole una cicatriz que ya para siempre formaría parte permanente e importante de su imagen mítica, llegando a ser una especie de rasgo característico de su personalidad.

15

Pero lo más curioso es que aquella cicatriz fue el resultado de un jueguecito de Lara, quien había provocado aquel ataque de celos intencionadamente... y sin que hubiera motivo real: simplemente, fingió una conversación amorosa por teléfono mientras la joven le estaba escuchando. Ella se indignó y le cortó lo cara... pero Agustín no estaba hablando con nadie. Sólo quería enfadarla para librarse de ella y dedicar su atención a otras de las muchas mujeres que se lo disputaban. Le salió caro... pero nunca lo lamentó porque, increíblemente, aquella cicatriz «gustaba» a las mujeres.

Juan Arvizu, su «descubridor»

Su vida era todo menos aburrida cuando conoció a la que se convertiría en su primera novia esposa, Angelina Brusquetta. Ésta era hija de los propietarios del cabaret «Salambó», en la ciudad de México, y fue ella quien consiguió que su padre le contratase como pianista en aquel local, de cierta categoría, al que acudían con frecuencia músicos famosos y personajes importantes.

En el «Salambó» conoció Lara al tenor Juan Arvizu, quien por entonces estaba de máxima moda y era uno de los mejores cantantes de boleros de México. Arvizu quedó encantado de la forma de interpretar de Agustín, así como de su forma de componer, y le contrató para que compusiera boleros para él y, de paso, le acompañara al piano.

Se dice, y así el propio Lara siempre lo reconoció, que fue Juan Arvizu el verdadero descubridor del talento del joven pianista y compositor. Él fue quien convenció a un amigo, ejecutivo de la compañía discográfica RCA, para que fuese a escucharle, y de esta forma le llegaría, en 1928, su primera oferta para grabar un disco. Y en 1929 Agustín grabó *Imposible»,* canción que poco después ya era famosa en todo México. La canción la cantaba el Trío Garnica Ascencio, que estaba integrado por Julia Garnica y las hermanas Blanca y Ofelia Ascencio.

«Imposible» tiene una hermosa anécdota que vale la pena rescatar aquí del recuerdo; estando una noche Agustín Lara, tocando en el «Salambó», se le acercó un joven a pedirle un favor muy especial: quería darle una serenata a su novia, pero no una serenata al uso, con un mariachi de los de siempre; el joven tenía un piano instalado en un camión, y quería que la serenata fuese «a piano» y que, además, el piano lo tocase Agustín Lara, a quien él y su novia admiraban.

Esto dejó un tanto asombrado al músico, quien no obstante no tardó mucho en acceder a la petición del muchacho, ya que le parecía extraordinariamente original. El joven le preguntó cuánto le cobraría, pidiéndole que no fuera mucho, ya que la cosa le iba a salir cara, porque había alquilado el piano por un mes y sólo se necesitaba para esa noche... Lara le dijo: «No te cobraré nada, pero te haré un trato: los veintinueve días restantes de tu alquiler, me dejas el piano en mi casa. Así estaremos en paz.» El muchacho, por supuesto, aceptó; la serenata se dio —con gran éxito, por cierto— y el piano fue a parar a casa de Lara. Y fue en ese piano, precisamente, donde nació *«Imposible»*. Y nació, además, una buena y duradera amistad entre el insólito cliente, su ardorosa novia y el Flaco de Oro; el muchacho era Vicente Godínez, y su novia, Maruca Pérez, cantante que a partir de entonces, además de buena amiga, llegaría a ser una excelente intérprete de Lara.

«Imposible» no era la primera canción que «el jarocho» componía en serio, porque eran ya varias las que tenía inscritas en la Sociedad de Autores y Compositores. La primera fue *«La prisionera»*, tema que registró en 1926 y que quedó en los anales de esa Sociedad como la primera canción «oficial» de Agustín Lara. Esa canción, no obstante, se conocería a partir de 1929, cuando por fin la grabó en disco.

El hecho es que tras *«Imposible»* Agustín empezó a hacerse popular como compositor.

Además de Arvizu, varias figuras importantes empezaron a pedirle canciones, y pronto estuvo componiendo para artistas que en aquel momento estaban entre los más grandes, como Maruca Pérez o el Trío Garnica Ascencio.

La radio, el gran trampolín

«A la radio le debo todo y estoy casado con un micrófono», decía Lara una y otra vez; para él, era la mejor forma de cumplir su sueño: que su música llegase lo más lejos posible.

Y es que la incipiente popularidad de Agustín Lara había recibido una importante ayuda con la que pocos años antes no habría podido contar: la radio. Un invento emergente que cada día adquiría más fuerza y que iba convirtiéndose en un medio de comunicación que cobraba fuerza e importancia por días.

La radio, de hecho, fue la gran plataforma que le permitió conseguir que sus canciones empezasen a escucharse en todo el país. La RCA se dio cuenta muy pronto del enorme valor que había fichado, y decidió convertir a Lara en una de sus estrellas con más perspectiva de futuro.

Su emisora era la XEW, La Voz de América Latina, propiedad del multimillonario financiero Emilio Azcárraga, una de las estaciones de radio más importantes del país, y en ella tenía Lara su programa propio, *«La hora íntima de Agustín Lara»*. Un programa que adquirió fama a una velocidad sorprendente, y que fue sin duda el gran trampolín para el artista. La XEW fue inaugurada el 18 de septiembre de 1930, y fue sin duda la emisora que más impulsó la música popular en México. Era una emisora potente, grande, con grandes planes y con un ambicioso proyecto detrás. Y en cada programa de *«La hora íntima de Agustín Lara»*, éste estrenaba una o varias canciones. Componía a un ritmo endiablado, y sus éxitos empezaron a ser tan rápidos como continuados.

CAPÍTULO II

— SUS MUJERES —

«EJERCÍ mi galantería como un sacerdocio, no sé si al final, también como una farsa.» Ésta es una de esas frases que definen perfectamente a Lara en su aspecto de donjuán, uno de los rasgos más característicos e imborrables de su personalidad. Lara era elegante siempre, vestía a la última moda y dominaba como nadie el difícil arte de saber quitarse el sombrero, cualidad ésta tan admirada por escritores como Julio Camba, Fernández Flórez, González Ruano o Alfonso Ussía. Y eso, para las mujeres, es algo muy importante.

Su forma de actuar, sus ademanes, su extrema galantería y un sinnúmero de pequeños detalles hacían que las mujeres enloquecieran con él; y por otro lado su romanticismo, su amor a la vida y su siempre reconocida afición por las féminas hicieron que nunca se caracterizase por ser precisamente un hombre «fiel» a su amor de turno. En la variedad está el gusto, y él practicaba a fondo esta máxima.

Con la mujeres, como decíamos, Lara era caballeroso y amable, pero en ocasiones no tanto. Si era capaz de escribirles un verso de amor encendido en cualquier momento y en cualquier parte, también lo era de organizarles una buena bronca, con profusión de insultos, cuando lo consideraba de justicia. Así pues, era galante, pero no blando. Porque lo uno no quita lo otro.

Aunque fue muy poco lo que Lara, extremadamente cuidadoso con su intimidad, permitió que se conociese su vida movidísima sentimental, no pudo lógicamente evitar que su currículum romántico fuese ampliamente comentado.

Fueron muchas las mujeres que pasaron por la vida del Flaco de Oro; sus matrimonios o uniones de hecho, en todo caso romances, con Angelina Brusquetta, Carmen «La Chata» Zozaya, María Félix, Clara Martínez, Yolanda Gazca, Vianey Lárraga, Irma Palencia o Rocío Durán fueron sonados, pues aunque él nunca quiso darles publicidad, su vida era observada con lupa por sus cientos de miles de seguidores. Su última esposa fue Rocío Durán, con quien contrajo matrimonio en España, en 1965. Era hija de Chavela Durán, y Lara llamaba «hija» a Rocío y ella a él «papá»...

Sin embargo, siempre confesó que su gran amor fue María Félix, «La Doña», sobrenombre que se ganó a pulso por su fuerte personalidad. Con ella se casó el 24 de diciembre de 1945. A ella le dedicó Lara muchas canciones de amor: *«María bonita»*, *«Aquel amor»*, *«Noche de ronda»*...

«La doña»

La mujer de su vida, eso fue «La Doña»; «María Bonita», para Agustín Lara. Él tenía dieciocho años más que «la mujer más hermosa de México», que así la consideraban muchos, pero tenía también la suerte de haber sido un ídolo para ella desde que era niña. María, desde pequeña, les decía a sus hermanas: «Algún día me casaré con ese señor que canta tan bonito.» Y finalmente lo hizo.

El día en que finalmente coincidieron, María pensó: «Lo conquistaré esta noche.» Lo que pensó Lara nadie lo sabe, pero se supone sin esfuerzo, dada la personalidad donjuanesca del Flaco.

A María le gustaba todo de Lara, incluso la peculiar cicatriz que cruzaba su cara. Le gustaba hasta el punto de decir que «si no se la hubieran hecho, él debería habérsela mandado hacer»; tan bien le parecía que le sentaba.

María acababa de separarse de su marido, Enrique Álvarez, y cuando le preguntaban por qué había decidido «cambiarlo» por Lara, ella contestaba:

—Huí de Enrique porque ya no lo soportaba. Yo quería un hombre espiritual, un gran poeta, un artista, y Agustín era todo eso.

También solían preguntarle cómo una mujer tan guapa podía haber elegido a un hombre tan feo, pregunta a la que siempre contestaba más o menos lo mismo:

—Seguro que nunca ganaría un concurso de belleza, pero yo le veo guapo. Y todos los que me cortejaron en vano deberían envidiarle. La belleza no está sólo en el aspecto físico, en tener una cara atractiva. Un hombre guapo es un macho con palabras de amor... Y además Agustín, como amante, es una maravilla.

Lara, evidentemente, tenía las cualidades que María buscaba. «El músico poeta», como le llamó un día el locutor Pedro Lille, no era guapo, pero era quizá uno de los hombres más atractivos que existían en México para la mayor parte de las mujeres.

El hecho es que Agustín y María se enamoraron y se convirtieron en inseparables; su unión produjo unas consecuencias lógicas en la creatividad de Lara; comenzó a escribir canciones para ella. Entre ellas, sin duda, la más importante fue la inmortal *«María Bonita»*, de la que ahora hablaremos.

Al poco tiempo de iniciarse su relación, «La Doña» le pidió a Lara un favor, el que más le agradecería en la vida: que la ayudara a recuperar a su hijo Enrique, al que había tenido con su anterior marido, y que éste había «secuestrado», impidiendo a la Félix volver a verle. Agustín accedió, y el pequeño fue recuperado y volvió con su madre. Ella le había prometido a Enrique Álvarez:

—Aunque ahora puedas más que yo, llegará el día en que tenga más influencia que tú, y así como tú te lo robaste, así me lo robaré yo.

Lara quería mucho al niño, pero este afecto no era correspondido; el pequeño estaba celoso de Agustín, añoraba a su padre y no quería a ese «extraño» que ahora estaba siempre junto a su madre. Hasta el punto de que un día, tras recibir una regañina de Agustín, intentó envenenarle vertiendo champú y gotas nasales en la jarra de agua que el músico estaba utilizando. Nunca fueron muy buenas las relaciones entre ambos...

Durante cinco años, Agustín y María mantuvieron una buena relación que, sin embargo, poco a poco fue deteriorándose a causa de los celos que provocaban en el músico las excesivas atenciones que su compañera recibía de infinidad de hombres; la constante llegada de ramos de flores y regalos que le enviaban políticos, artistas y hombres de negocios sembró en Lara un malestar que crecía con los días. Y según contaba María, esto le convirtió en un ser muy diferente al que había sido antes; ahora era un hombre celoso que la agobiaba con constantes interrogatorios, que trataba de impedirle que acudiera a determinadas cenas o fiestas...

María pensó en abandonarle, pero su madre le aconsejó otra cosa:

—Tú no eres cualquier cosa, ponte importante con la gente, cásate y luego, déjalo. Ponle placas al coche que circule.

María le hizo caso, y siguió con Lara. Y en 1943, cuando se estrenaba la película *La mujer sin alma*, corrió el rumor de que Lara y la Félix se habían casado en secreto, lo cual se convirtió en todo un acontecimiento. Todos los noticiarios, periódicos y revistas hablaban de esa boda no confirmada. La cosa adquirió tales tintes que un periodista encontró una graciosa comparación, que se hizo famosa: «A la noticia de boda entre Agustín y María sólo podría hacerle sombra la de que Hitler y Mussolini habían sido amantes en Berlín.»

Tanto el uno como la otra negaban una y otra vez haberse casado, pero lo hacían sin demasiado énfasis, con ambigüedad, y sus desmentidos no convencían a nadie. Ello, sin embargo, también podía deberse a que les interesaba la inmensa publicidad gratuita que estaban recibiendo, y que venía magníficamente bien a la nueva película.

Lo cierto es que la boda se celebró, pero dos años después. El día de Nochebuena de 1945, Agustín Lara y María Félix se casaron, pero no quisieron una boda multitudinaria, sino íntima, con la única presencia de familiares y unos cuantos buenos amigos. Quienes allí estuvieron contaron que El Flaco descorchó tantas botellas de champaña que decidió regar el jardín con las sobras, «para embriagar las rosas», que también tenían derecho a participar en la fiesta, ya que eran las flores que más le gustaban.

Fueron a Acapulco de luna de miel, y fue allí donde Lara compuso *«María Bonita»*, un regalo de boda que alcanzaría la inmortalidad. Aquellos versos, *«Acuérdate de Acapulco, María bonita, María del alma...»*, sonarían a todo lo largo y ancho de la tierra a partir de entonces en millones de ocasiones. En un principio, Lara no quería registrar la canción en disco, porque quería que fuese un especial regalo exclusivo para su mujer y para nadie más. Pero fue María, encantada con la idea de popularizarla, quien le convenció para que la grabara. Y, de hecho, esa canción se convirtió en un himno, sería interpretada por cientos de grandes cantantes y sonaría en cualquier lugar donde María Félix hiciera una parición pública y hubiera un músico cerca. En Maxim's, el famoso restaurante parisiense, por ejemplo, cada vez que María entraba el violinista del local se aplicaba de inmediato a interpretar *«María Bonita»*... Y como allí, en cientos de lugares. Fue como un himno de Lara a la mujer que más amó, un homenaje que marcaría la vida de ella para siempre.

Pero la relación entre ambos continuaba deteriorándose por la causa de siempre: los celos de Lara, que eran cada vez más fuertes y más agobiantes para María. Un día, tras una fuerte discusión por esta causa, ella decidió irse a Nueva York para pensar y replantearse su futuro.

Fue durante aquella ausencia cuando el músico compuso *«Humo en los ojos»* y *«Cuando vuelvas»*, dos de sus grandes canciones, para

23

regalárselas a su esposa intentando una reconciliación que no parecía fácil. Y que no se produciría, pues María regresó a casa trayendo unas joyas que le había regalado uno de sus admiradores. Aquello puso a Lara hecho una furia, y la bronca entre ambos fue de tal calibre que «La Doña», finalmente, le echó de casa. Estaba tan indignada que decidió hacer algo sonado: envolvió todos los trajes de su marido en unas mantas con sus propias iniciales, MF, y ordenó a su chófer que les llevara al teatro donde actuaba Lara, para que, en el momento en que éste comenzara su actuación, tirara la ropa sobre el escenario. Así lo hizo el chófer, y el propio Agustín tuvo que interrumpir la actuación para recoger del suelo su ropa...

La cosa se puso cada vez peor, hasta el punto de que una noche, enloquecido por los celos, Agustín disparó sobre María, afortunadamente sin acertarle. La relación quedó definitivamente rota. María, a quien aquello había producido un enorme dolor y una gran impresión, pidió el divorcio y decidió irse inmediatamente de México. Y se marchó a España, donde el productor Cesáreo González le había ofrecido rodar una película. Lara, sin embargo, aún le hizo un último regalo para «celebrar» el divorcio, y le escribió el archifamoso chotis *Madrid*. Y precisamente en Madrid María coincidió con quien pronto sería su nuevo marido: Jorge Negrete, el hombre más famoso de México junto con Agustín Lara.

En los años siguientes, María se casó con Jorge Negrete el 18 de octubre de 1952, y tras la prematura muerte del «Charro Cantor», que falleció en noviembre del año siguiente a causa de un cáncer de hígado, pasó una etapa de cierta depresión, hasta que en 1956 volvió a casarse, esta vez con el empresario francés Alex Berger, quien sería su definitivo amor y al que permanecería unida durante los siguientes dieciocho años. Fue precisamente Berger, un hombre bien distinto a Lara en cuanto a eso de los celos, quien no sólo le permitió, sino que la animó para reanudara su relación profesional con el Flaco de Oro. Un empresario americano, Frank Fouce, propietario del famoso «Million Dollar», en Los Ángeles, les ofreció un importante contrato para que actuaran juntos en su local. María se negó en principio, y fue su propio marido, Berger, quien la convenció para que aceptara. Y lo hizo recordando a María que «el pobre Agustín aún está pagando el último collar de rubíes que te regaló cuando estabais juntos...». (Esta anécdota quizá no sea demasiado fiable, dado que otra exactamente igual se atribuye a María en su relación con Negrete, de quien se dijo que tuvo que vender su rancho para comprarle a «La Doña» otro valiosísimo collar, que no pudo acabar de pagar... Demasiadas joyas parecen esas...).

Sea como sea, María aceptó y decidió volver a actuar junto a Agustín, cosa de la que no tardaría en arrepentirse. Los celos de Lara esta vez surgieron porque el público prestaba más atención a María que a él mismo, y El Flaco, según cuentan, saboteaba las actuaciones de su ex mujer cambiando el orden de las canciones sin previo aviso; de esta forma, ella cantaba *«Solamente una vez»* mientras él interpretaba *«Granada»*... Otras veces alteraba el ritmo de las melodías, haciendo que María perdiera el compás. Consiguió destrozarle los nervios a su ex esposa hasta el punto de hacerle aborrecer los cigarrillos de tantos como llegó a fumar para tranquilizarse. Aunque lo cierto es que María no dejó de fumar, sino que se aficionó a los puros de su marido.

Pero aquellas «barrabasadas» que Lara le hacía no quedaron sin castigo, y la venganza de «La Doña» llegó un día en que Lara comenzó a cantar *«Acuérdate de Acapulco, María Bonita...»* y ella le ridiculizó ante el público riéndose a carcajadas. Naturalmente, ahí acabaron aquellas actuaciones juntos.

Lara no tuvo hijos, por lo que decidió adoptar uno y éste fue el de Vianey Lárraga, que fue bautizado con el Nombre de Agustín, y que lleva los apellidos Lara Lárraga. Es hoy el único heredero del gran compositor. Y en su poder están esas trescientas canciones inéditas que en los próximos años irán viendo la luz de forma paulatina mediante los pertinentes acuerdos entre Lara y la discográfica BMG Ariola.

Algunos recuerdos de Vianey Larraga, «La heredera»

—Somos ocho las viudas de Agustín Lara, y por unanimidad, por acuerdo entre las ocho, yo soy la albacea de toda su herencia, musical, intelectual y económica.

Así empezaba una conversación con Vianey Lara mantenida entre ésta y un periodista español en el mes de julio de 1983. En aquella conversación, Vianey habló de Lara, de su vida en común y de lo que éste dejó a su paso.

—Mi historia con Agustín empezó de una forma curiosa; yo era una mujer muy tímida, y mi madre me convenció para que me presentara a un concurso de Miss México. Por entonces yo tenía dieciséis años y jamás me había puesto en bañador ante el público... No gané aquel certamen, pero fui elegida para formar parte de un elenco de seis chicas para participar en una película que se llamaría *Tropicana*, en la que también trabajaba Agustín. Yo tenía que viajar a Cuba y conocer al maestro... Todo aquello me deslumbraba.

Cuando se realizó esta entrevista, su autor, el periodista español Alfonso Trulls, calificaba a Vianey como una gran señora, una mujer que antes de hablar pensaba muy bien lo que iba a decir, una dama que extraía de su mente sus recuerdos con más humor que nostalgia, con más alegría que melancolía...

—Fue en ese rodaje cuando conocí al que sería mi marido. Todo esto ocurría en el año 1956. Nuestro siguiente encuentro tuvo lugar dos años después; en aquel momento yo estaba participando en una obra de teatro, y una noche toda la compañía decidió reunirse en casa de Agustín. Ya nos conocíamos y él sabía perfectamente que yo tenía un hijo —no era de él— que apenas iba a cumplir diez meses. Cuál no sería mi sorpresa cuando en el transcurso de la fiesta me comenta que todo, absolutamente todo, el futuro del niño estaba arreglado. Y me propuso casarme con él. Estuvimos conviviendo tres meses, y a los tres meses nos casamos.

Para Vianey, su vida con Lara fue gratificante, plena y divertida. Solo parecía guardar buenos recuerdos...

—Era todo como un sueño; yo era una cría, y así me lo hacía sentir él. Un día me regaló un brillante de treinta y seis kilates...

Ahora lo aprecio, pero entonces quizá me hubiera hecho más feliz una caja de chocolates. En otra ocasión le enseñé un coche que me gustaba, y esa misma noche me lo regaló. Y lleno de flores...

Como puede verse, el regalar coches a las mujeres que amaba era una satisfacción para Lara; y siempre, como ya hemos visto en otros casos, los llenaba de rosas. Era su capricho...

—Agustín me enseñó todo en la vida, desde dicción hasta el correcto comportamiento en sociedad. Me dio quizá demasiado, me hizo sentirme una reina... Y creo que ésta fue la causa de nuestra separación. Un día decidí que podía vivir por mí misma... Creo que el mayor, y quizá el único defecto de Agustín, era el casarse con mujeres demasiado jóvenes. Nuestro matrimonio duró tres años y medio, y en ese tiempo me hizo muy feliz. Hacíamos una vida normal; durante el día él hacía su trabajo habitual como compositor, y por las noches siempre tenía algún show. Los fines de semana yo acudía con amigos comunes a la sala donde actuaba, y luego nos íbamos juntos a casa...

Vianey fue la madre de Agustín, hoy único heredero del maestro y depositario de todas las canciones inéditas que dejó.

—Mi hijo adoraba a Agustín, quien en realidad, sin ser su padre natural, sí fue su verdadero padre. Sentía por él auténtica adoración, aunque apenas lo conoció. Se hizo músico para parecerse a su padre, y en realidad es un buen músico. Canta maravillosamente, sobre todo canciones de amor...

Vianey se casó con Lara tras haberse separado éste de María Félix, pero siempre sostuvo que aquella circunstancia no afectó para nada a su vida, que la imagen y el recuerdo de la Félix, pese a estar tan reciente, jamás se interpuso entre ellos.

—Agustín fue un hombre que se hizo su propia vida. Quiero decir, que siempre hacía lo que deseaba hacer. Se ha hablado muchos de sus peculiaridades, pero muchas de las cosas que de él se han dicho no son ciertas.

Son muchos los recuerdos que Vianey guardó de Lara, y casi todos ellos, buenos. Algunos, simpáticos y que sirven para conocer mejor al Flaco de Oro, sus peculiaridades y su personalidad:

—Componía sus canciones en el baño; allí las tarareaba y hacía, más o menos, los textos. Luego se ponía al piano y se las cantaba a un arreglista que se las pasaba al pentagrama. Era un hombre increíble...

Rocío Durán: boda en España... y no «in artículo mortis»

Lara se había casado con Rocío Duran en México, en 1961, por lo civil. Pero ambos querían casarse también por la Iglesia, y esa boda se celebró en España, el 28 de junio de 1964. Fue una boda sencilla, pero sonada. De aquellos días quedan estos recuerdos. Quizá el primero, las palabras del sacerdote que los casó en la madrileña basílica de Guadalupe, el padre Martínez Sosa, quien en sus palabras al matrimonio, en la iglesia, dijo unas frases que hicieron llorar al viejo maestro, y que en realidad parecían escritas por él mismo:

«Tenía que ser Madrid, con su embrujo español, testigo de este hermoso acto. Tenía que ser Madrid quien te atrajera para ponerte en brazos de Dios. Tenía que ser España quien te depositara en este remanso de paz...».

El sacerdote conocía a Lara y a su joven esposa desde años antes; había estado durante unos años en México, en el internado donde Rocío estudiaba, y de allí venía aquella vieja amistad. Por eso, cuando la pareja llegó a España, él estaba entre los cientos de personas que acudieron a recibirles al aeropuerto de Madrid-Barajas. Reencontrarse con él fue para la joven algo impresionante, tanto que nada más producirse aquel encuentro la pareja le dijo: «Padre, necesitamos hablar con usted urgentemente.» No habían previsto, antes de venir a España, esa boda por la Iglesia, pero el reencuentro con el sacerdote debió ser como una explosión en las vidas de ambos... y unos días después, ese mismo sacerdote los casaba.

«¡Ya nos hemos casado por las buenas!», fue lo primero que Rocío dijo tras terminar la ceremonia. Le preguntaron: «¿Por qué en Madrid? ¿Por qué eligieron, de pronto, nuestra ciudad para casarse?...» La respuesta fue «de las de Lara»: «Tenía que pagar una deuda con esta ciudad. Y al bendecir nuestro amor para siempre en Madrid, creo haber pagado esa deuda.»

La sorpresa fue general, porque unos días antes un periodista mexicano había lanzado un bulo que dio la vuelta al mundo: escribió que Lara se había casado hacía unas semanas en México... «in artículo mortis». Algo completamente falso, pero que muchos periódicos dieron por bueno. Con esta boda, aquel rumor se convirtió en humo.

«Me encuentro mejor que nunca. Estar a bien con Dios es grande...».

A aquella boda asistieron sólo una veintena de personas, y aún así al maestro le parecieron muchas. Él hubiera preferido la más absoluta intimidad, pero eso hubiera sido demasiado difícil. Y la luna de miel fue, cómo no, en Andalucía.

Capítulo III

Cosas de su vida

Siempre se dijo que Lara era un cursi, y el primero que lo decía era él mismo. En esta frase lo dice, lo reconoce y se reafirma en ello:

—Soy ridículamente cursi y me encanta serlo. La mía es una sinceridad que otros, ridículamente, rehúyen.

Esa cursilería, según él, era una de las claves de su éxito con las mujeres. Lara sabía perfectamente que no sólo no era guapo, sino que era más bien bastante feo... pero que gustaba mucho a las mujeres. Tenía su propia explicación para ello:

—A las mujeres les gusta que no estoy dispuesto a enmascararme detrás de la impasibilidad estudiada.

Lara basaba gran parte de su éxito en las mujeres, nunca hablaba de los hombres ni apenas parecía tenerlos en consideración en ese aspecto. Consideraba que eran las mujeres, y sólo ellas, las responsables de su buena estrella:

31

—El secreto de mi éxito ha sido despertar los resortes sensibles del público. La mujer es uno de ellos. Es el tema central, el que flota en todas mis cosas. No se separa de mí ni de mis canciones.

Pese a todo ello, Lara también tenía su lado «duro», una rara parte de su carácter que en ocasiones sorprendía a quienes le conocían. Sorprendente fue la respuesta a una carta que le envió su entonces esposa, Angelina Bruschetta, a Hollywood, donde en 1938 Lara se encontraba trabajando. En esa carta le notificaba la inesperada muerte, con sólo treinta años, de Maruca Pérez, a quien El Flaco debía mucho, porque fue ella la primera que le presentó en los teatro de México capital y fue también la primera que interpretó sus canciones. La sorprendente respuesta de Lara a Angelina ante esta noticia fue ésta, muy impropia de él:

—Siento mucho la muerte de Maruca, pero, por favor, escríbeme noticias más agradables.

No obstante, es imprescindible añadir que tras esta rara salida de tono, lo que Lara hizo luego demostraba bien claramente que había lamentado mucho la muerte de Maruca. Porque durante los siguientes veinte años se ocupó de que en su tumba nunca faltaran rosas frescas. Las dos caras del Flaco de Oro.

Comentando una día una anécdota que algunos no creían fuera cierta, Lara la confirmó. Se decía que Nat King Cole, cuando le conoció, le había besado la mano en señal de respeto. Cuando tal cosa se publicó, muchos no lo creyeron, pero era cierto:

—Eso que dicen de que Nat King Cole, que en paz descanse, me besó la mano, es cierto. Yo quise impedirlo porque se me hacía demasiado honor para mí, pero cuando lo intenté, ya me había besado. Juro que me emocioné.

Agustín Lara era un acérrimo amante de la música y de las mujeres... pero también tenía otro amor, nada oculto, por cierto: el coñac, licor del que se bebía una botella diaria. En 1933, con su primera temporada en el teatro Politeama, en la ciudad de México, comenzó a disfrutar de la fama; durante más de diez años su programa *«La hora íntima de Agustín Lara»*, en la emisora XEW de Emilio Azcárraga, fue uno de los más populares del país; había semanas en que Lara estrenaba una canción diaria, ¡una al día!, en aquel programa... y hubo quien creyó encontrar la razón de tanta velocidad compositora: Azcárraga y Lara tenían un «trato» por el cual el primero le regalaba al segundo una botella de un excelente coñac español cada vez que estrenara una canción. ¿Debe la historia de la música tantas canciones al coñac...? Por supuesto, Lara se ahorraba su botella del día cuando estrenaba una camión, y hay que reconocer que se ahorró mucho dinero.

Cosas de su música y forma de escribir

Aunque recibió lecciones de música y clases de piano en su infancia, Lara nunca llegó a aprender a escribir bien una partitura; siempre tocó de oído, desde niño, y durante toda su vida estuvo orgulloso de ello:

—Yo no sé música, no la he estudiado nunca. Pongo palabras a la música que me sale del alma.

Hablando de los años que Lara pasó en el famoso Teatro Politeama, decía:

—Fueron muchos los que trabajaron conmigo en aquella inolvidable época del Politeama. Si por el Politeama no desfiló Hernán Cortés, fue porque ya había muerto, si no, también lo sacan...

Un día, hablando sobre el Politeama, Lara dio una pintoresca explicación del origen del nombre de ese curioso sonido, el «Son Marabú», que él inventó:

—Nosotros tuvimos en el Politeama a Ernesto Lecuona, al maestro Lerdo de Tejada, a Adolfo Girón, a Luisito Alcaraz y a ese son mío, el Son Marabú. Yo le puse Marabú porque Marabú es un pajarito y como entonces casi todos éramos flacos, no sé por qué se me ocurrió.

Aguilita, el violinista que acompañó a Lara durante muchos años en todos los escenarios y emisoras que El Flaco pisó, se había ganado el afecto y el aprecio del compositor, que le consideraba alguien muy importante en su vida y para su trabajo:

—Es de justicia darle a Aguilita, mi violinista de años y más años, el crédito que se merece. No quiero pecar de romántico, ni me gusta hacer alardes de generosidad, pero creo que sin Aguilita yo hubiera sido menos de lo que soy…

Con frecuencia, y dada la extraordinaria forma de componer de Lara, se le preguntaba por una u otra canción, de dónde había sacado la idea, dónde la había escrito… He aquí un par de respuestas a aquellas preguntas, como ésta explicación sobre la canción «*Mujer*», que escribió una tarde, en un tren, y le regaló esa misma noche a la que entonces era su esposa, Angelina Bruschetta:

—Concebí «*Mujer*» en un carro de segunda, en el ferrocarril, y como no tenía donde escribirla, la hice en una caja de zapatos, con un pedazo de lápiz que me prestó el agente de publicaciones. La historia nació de un cromito que yo había recortado. Era un cuadro famosísimo, creo que se llama «Serenata». Es una señora que está tocando el piano y un señor que toca el violín. Entonces yo pensé que aquella mujer debía arrancarle al piano alguna cosa. Y qué mejor que arrancarle su propio nombre: ¡Mujer! Y pensé en todas las mujeres del mundo, desde mi primera novia, que fue mi madre, pasando por La Malinche, hasta la última. Y así le arranqué al piano esa canción.

Un día, Agustín Lara y Pedro Vargas fueron invitados por la familia del presidente del país para amenizar una velada en el castillo de Chapultepec. Cuando ya habían emprendido el camino, una nueva canción empieza a dar vueltas en la cabeza de Lara, quien decide volver inmediatamente a su casa para escribirla. Y cuando finalmente llegaron a la fiesta, de la que iban a ser protagonistas muy especiales, recibieron una buena bronca de la familia. Pero en ese breve intervalo de tres horas, Lara había imaginado, compuesto y terminado *«Golondrina»*.

Renato Leduc recordaba una anécdota sobre Lara y su sentido del humor que viene perfectamente a colación en este caso; decía Leduc que a Lara le encantaba hacer juegos de palabras, frases ingeniosas, y que se burlaba hasta de sí mismo. Así que esa increíble facilidad del Flaco para improvisar una música iba pareja a su genio para improvisar un texto. Así, hablando con un periodista de nombre Valentín, que como el suyo acababa en «tin», El Flaco improvisó unos versitos satirizando la circunstancia de que sus nombres acabaran «en diminutivo», lo que según él les «quitaba prestancia»:

«Hay palabras, Valentín,
que con el diminutivo
pierden, como en «Agustín»,
todo el significado…
Y cambian de tal manera
que aun viniendo del latín
parecen la verdadera
llamada de un timbre… ¡Tin!»

Una anécdota semejante relataba Alejandro Algara, famoso intérprete de la *«Suite española»* lariana, quien también recordaba con una sonrisa en los labios la facilidad del Flaco para hacer unos versos en un instante, sobre cualquier cosa que se le ocurriera. Contaba Algara que un día, estando en su Casita Blanca de Veracruz, leyó Lara en el periódico que Díaz Ordaz aparecía como principal candidato para la sucesión del presidente del país, López Mateos. Díaz Ordaz, al igual que Lara, no era precisamente guapo, y eso le dio al genial compositor una idea que nació de su siempre vivo sentido del humor. Dijo: «Voy a mandar un boletín de prensa con una cosa que se me ha ocurrido.» Y lo envió, una nota que, por cierto, nadie se atrevió a publicar, porque decía esto:

> «*Adonis de aparador,*
> *el señor López Mateos*
> *escogió de sucesor*
> *al más feo de los feos.*
> *A mí me da solidez*
> *antecedente tan grato,*
> *puede ser que alguna vez*
> *yo resulte candidato*».

En sus discos, Lara hacía a veces una breve introducción para presentar al público su trabajo. Solía hacerlo exprimiendo al máximo su vena poética, convertía esa pequeña presentación en una especie de canción en prosa. He aquí un par de ejemplos:

Esto escribió Agustín Lara como presentación de su disco «*Un poco de lo mío*»:

«—Esto no es un disco, es un pedazo de mi sentimiento arrancado en el preciso momento en que debía cortarse, como se hace con una rosa cuando está hecha botón y próxima a reventar, cuando se le separa del tallo, criminalmente, y se convierte en paloma de sangre volando hasta los labios de la amada, para tener con ellos el duelo de carmín que no llega a la muerte. Pero esto no es un disco, aun cuando la forma y el sonido lo desmientan; esto es algo que yo quiero ofrecerle a usted, como una migaja que pudiera llegar, milagrosamente, hasta el lago infinito de su silencio.»

Y ésta fue la presentación que escribió para un disco con varias de sus canciones estrenadas en su programa de radio «La hora íntima», y en la que repite ese eterno concepto suyo de que «sus discos no eran discos»…:

«RCA Víctor ofrece a ustedes una copa de licor añejo. El vino del recuerdo madurando en la fuente de mi corazón, se desborda en su más limpio cristal, en su más legítimo brindis: Toña La Negra… Pedro Vargas… mis manos… y mi ayer… Ya ve usted, esto no es un disco, aun cuando la forma y el sonido lo desmientan… Es una manera de acercarme a usted. Diremos… un pretexto para dejarle un poco de lo mío.»

Y cerraba el comentario con esta frase:

«¿Yo político? Nada de eso, mi hermano. Los únicos discursos que he hecho, los he escrito en el piano.»

Algunas anécdotas y opiniones sobre Agustín Lara

Son incontables las anécdotas que se cuentan sobre Agustín Lara. Muchas de ellas, como suele suceder, son falsas; en ocasiones, la misma anécdota tiene dos o tres protagonistas diferentes, como esta de Carmela Rey, que ahora relataremos, y que además de a su protagonista verdadera se atribuye también a María Félix; La Rey fue una de las musas del flaco y una de sus mejores intérpretes, y contaba así aquel caso:

—Yo quería comprarme un automóvil Thunderbird del 57. Una vez que me estaba arreglando para una función me toca a la puerta un mensajero y me dice: «Señora, aquí le manda el maestro las llaves de su coche», y me da unas llaves que eran de oro puro. Salgo, me abre la puerta del coche y veo que estaba completamente lleno de rosas… y en el volante había una tarjeta de su puño y letra que decía: «Aquí hay 999 rosas y la número mil eres tú.» Era el coche que yo quería, pero no lo acepté.

Esta anécdota, con ligeros cambios, se cuenta también de una reconciliación entre Lara y María Félix tras una de sus frecuentes broncas a causa de los celos. Pero es muy probable que esa segunda versión sea falsa. En todo caso, «La Doña» jamás lo confirmó… aunque tampoco lo negó. Quizá Lara utilizó el mismo «truco» dos veces, como varias veces dedicó la misma canción a mujeres diferentes, como ahora veremos.

Porque así como hay muchas anécdotas de Lara a las que se atribuyen protagonistas diferentes, con sus canciones o, mejor, la dedicatoria de sus canciones, a veces también sucedía lo mismo, sólo que en esta ocasión era Lara el «culpable». Como lo que ocurrió con Carmela Rey, quien durante mucho tiempo estuvo muy orgullosa de que Lara le hubiera dedicado la canción *«Ausencia»*. Hasta que un día, leyendo un libro de Yiyí Gasca, descubrió que también se la había regalado a ella. Ambas acabaron indignadas con El Flaco.

Las dos únicas canciones escritas por Lara especialmente para alguien, y que fueron «rechazadas» por sus destinatarios, fueron precisamente dos pasodobles que El Flaco dedicó a dos toreros. En ambos rechazos influyó el tradicional cuidado que los matadores de toros tienen con «el mal fario», su acendrada superstición ante algunos temas. La primera de esas canciones fue *«Novillero»*, que Lara dedicó a Fermín Rivera. Éste no la aceptó porque le pareció que esa canción encerraba un mal presagio al presentarle como un hombre «sin miedo a la muerte». La segunda canción rechazada fue el pasodoble *«El Cordobés»*, que Agustín escribió para Manuel Benítez, «El Cordobés». La explicación que éste le dio fue, sencillamente, que el pasodoble no le gustaba. No le hizo ninguna gracia esa frase de «con cuatro o cinco trapazos acabaste con el Juez»..., porque en España, la palabra «trapazo», entre los taurinos, tiene un sentido peyorativo (ver la letra de este pasodoble en el anexo correspondiente). Pero en todo caso, está claro que a los toreros no les gusta que nadie diga que «no tienen miedo a la muerte», no vaya a ser que ésta se enfade y les demuestre que sí, que hay que tenerle miedo...

Lara adoraba la fiesta brava, y dedicó varios pasodobles a distintos toreros; no todos fueron rechazados, como en los dos casos que acabamos de relatar; el gran matador Silverio Pérez le agradeció mucho el que le dedicó a él:

«Para mí, el pasodoble que hizo el favor de hacerme es un himno. Lo único que no me gustó fue la parte en la que dice "tormento de las mujeres", porque con esta carita no se puede ser un "tormento"... La admiración que Lara y yo sentíamos era mutua; él decía que era "silverista", y yo siempre fui "larista"...».

Cuando en 1932 Lara viajó a Cuba acompañado de Pedro Vargas y Ana María Fernández para una serie de actuaciones, sufrió unos fuertes dolores que llegaron a preocupar a sus amigos, que avisaron a su mujer, Angelina Bruschetta, para que volara a la isla por si ocurría algo serio. Ésta se dio toda la prisa posible en conseguir un billete para ir desde Mérida a La Habana, cosa que en aquella época no se hacía ni mucho menos con la facilidad de hoy. Pero ese corto intervalo de un par de días, un periodista mal informado, o más probablemente mal intencionado, publicó que Lara había muerto en Cuba, noticia que Angelina leyó poco antes de subir al avión. El viaje se le hizo interminable y, por supuesto, angustioso, pero cuando llegó al aeropuerto su pesadilla terminó: Lara la recibió personalmente con un mar de rosas para ella...

Otra anécdota que se cuenta de Lara se refiere a su gusto por el juego, que en ocasiones le acarreaba ciertos problemas. Como la vez que, estando de gira en Chile, se metió en el casino de Valparaíso y se dejó hasta la camisa. Perdió todo lo que había ganado durante la gira, y tuvo que tocar el piano en el casino durante varios días para poder conseguir dinero para el viaje de vuelta.

Ésta no fue la única vez que Lara tuvo que pagar con su trabajo la escasez de efectivo; en su juventud, durante un tiempo, tuvo un amigo muy especial, que como él andaba siempre escaso de fondos. Aquel amigo se llamaba Jorge Negrete, un joven que luchaba por ganarse un puesto en la música, pero que ya cantaba magníficamente. Se cuenta que, cuando el grupo de amigos del que formaban parte Agustín y Jorge no tenían para pagar la cena en un restaurante, ambos proponían al propietario del local que les cambiase la cuenta por un rato de actuación, para animar al público. Ambos eran aún pobres, pero ya suficientemente conocidos como para que al propietario le entusiasmara la idea, así es que siempre se aceptaba su oferta, y Lara y Negrete pagaban su cena y la de sus amigos con un dueto inolvidable. Los dos hombres, que llegarían a ser los más famosos de México, no volvieron a actuar juntos cuando ya fueron estrellas, pero aquellas primeras actuaciones, para quienes tuvieron la fortuna de poder presenciar alguna, fueron históricas. Si alguna de ellas hubiera podido grabarse, hoy no tendría precio.

Una de las anécdotas más simpáticas que se cuentan de las muchas que existen sobre él se refiere al «descubrimiento» de las hermanas Águila. Y parece suficientemente contrastada como para darle crédito, aunque El Flaco, por supuesto, nunca la confirmó (por la cuenta que le traía). El hecho fue que Lara, quien como sabemos era un mujeriego de alto nivel, tuvo en cierta ocasión una amante que ya disponía de novio. Éste lo descubrió, y para darle una lección al osado Flaco, decidió secuestrarle y mantenerle encerrado una temporada. Pero un amigo del novio, que estaba al tanto de la historia, descubrió el lugar donde el indignado secuestrador le tenía encerrado: el sótano de una lavandería. Se vistió de lavandera y acudió al lugar llevando un disfraz igual para Lara. Allí consiguió llegar hasta él, le dio el disfraz y ambos, vestidos de lavanderas, abandonaron el local por la puerta principal con unas cestas de ropa bajo el brazo. El asombrado Agustín le preguntó por qué le había hecho aquel favor, y su libertador le contestó que a cambio de una cosa sencilla: que escuchara cantar a unas primas suyas llamadas Paz y Esperanza, en las que el joven tenía una enorme fe. Lara, naturalmente, aceptó. Poco después, las hermanas Águila iniciaban su fulgurante carrera, para convertirse además en dos de las mejores intérpretes de las canciones del Flaco de Oro...

Cosas de un «dandi maya»

A Lara le llamaban «el dandy maya» por algo, no gratuitamente. Siempre iba impecable, siempre cuidaba su imagen, su presencia, hasta el límite. Hasta el punto de que, como si de un torero se tratase, llevaba un «mozo de espadas», su inseparable «Verduguillo», para le llevase la cartera, las llaves, la pitillera, el encendedor, la pluma... y algún que otro obsequio por si se terciaba hacer un pequeño regalo, un detalle inesperado, a alguna dama digna de ello. De esa forma, nunca llevaba un bolsillo abultado ni una arruga en sus impecables trajes (tuvo más de 1.000, según algunos de sus amigos), que coleccionaba con el mismo cariño con que coleccionaba sombreros o gabardinas. Por eso iba siempre «como un cromo», como recordaba Amparo Montes, una de las grandes cantantes de Lara, que además fueron sus amigas:

—El Flaco era un «príncipe». Yo llegué a estar en reuniones con gente importantísima, muy elegante, y entraba Lara, se paraba en la puerta y borraba a todos aquellos hombrones. Tenía un fuerte magnetismo, una personalidad arrolladora. Con las mujeres era un hombre maravilloso, todas querían dirigirle la palabra.

Lara era extremadamente cuidadoso de su imagen, y por ello cuidaba igualmente todo lo que le rodeaba. Siempre quería tener el coche más lujoso que hubiera en el mercado, y siempre exigía, en cada teatro en que actuaba, que le pusieran una alfombra roja desde su camerino hasta el escenario. Un simple detalle.

El gran arreglista Chucho Ferrer, que trabajó con El Flaco en su orquesta, hablaba siempre que podía del cuidado que Lara tenía en el aspecto general de cuantos le acompañaban; no sólo él iba hecho un dandi, sino que quería que todos sus músicos fueran siempre elegantes y dieran una imagen inmejorable. Así lo recordaba Chucho:

—Siempre nos tenía bien vestiditos; en cierta ocasión visitó una fábrica de ropa para el ejército, y allí mandó que le hicieran varios trajes de aviador; nadie sabía para qué querría aquellos trajes, ya que no dio ninguna explicación, y nos sorprendió a todos un buen día, cuando nos dijo que eran para nosotros, para cuando viajáramos en avión. Y así nos llevaba cada vez, vestiditos de aviadores. En una ocasión, cuando llegamos a Brasil, el organizador de nuestras actuaciones allá nos preguntó si esos trajes que llevábamos eran los que íbamos a usar para las actuaciones, y yo en broma le dije que sí, con lo que se quedó boquiabierto... Pero lo cierto era que aquellos trajes eran sólo para volar. Para las actuaciones, la orquesta tenía varios trajes de lujo para cada uno. Lara cuidaba al máximo esos detalles...

Pero aunque a Lara le gustaba que todos fueran elegantes, lógicamente era él quien prefería destacar sobre los demás, ser el más elegante de la orquesta. Sobre este asunto, Jorge Fernández, que también estuvo en la Orquesta de Solistas de Lara, recordaba esta anécdota:

—La orquesta tenía dos uniformes, uno blanco y otro color verde; un día, en una actuación, la orquesta se puso el esmoquin blanco y Agustín Lara también llevaba uno igual. Yo, no recuerdo por qué razón, me puse aquel día un traje azul marino. Pero Lara era muy celoso si otra gente se veía mejor vestida que él, así que me pidió que me fuera a cambiar porque parecía «una mosca nadando en leche»... No quería que nadie destacara por encima de él, y lo comprendo, eso le ocurre a cualquiera. Al fin y al cabo, él era el jefe, la orquesta era suya.»

La gran artista española Lola Flores, a quien Lara conoció en 1955 cuando hicieron juntos en España la película *La Faraona*, guardó siempre del Flaco un recuerdo imborrable, y siempre que el genial compositor salía en una conversación Lola se deshacía en elogios hacia él. Tras terminar aquella película, un periodista español le preguntó qué le había parecido su trato con el músico mexicano, y *La Faraona* contestó lo siguiente»:

—Es uno de los hombres más impresionantes que me he tropezado en mi vida. No sólo es un caballero, que siempre está atento a lo que desean las mujeres que están a su alrededor, sino que además es uno de los señores más elegantes que yo he conocido nunca. Parece uno de aquellos caballeros antiguos que sólo se ven en el cine o de los que sólo se puede leer en los libros... Ya quedan pocos hombres así. Eso, sin contar con que creo que es uno de los mejores músicos del mundo. Creo que este hombre será inmortal.

Y aunque Lola Flores fue siempre una mujer extraordinariamente simpática, no era fácil arrancarle una opinión tan contundente sobre una persona, lo que demuestra la fuerte impresión que Lara causó en ella. Como la causó igualmente en otra gran artista española, una de las mujeres más bellas del país y por entonces estrella tan rutilante como la propia Lola: Carmen Sevilla, quien junto con su esposo, el también famoso músico y compositor español Augusto Algueró, mantuvo durante años una muy buena amistad con El Flaco. Los recuerdos de Carmen Sevilla, que aún están bien frescos en su memoria, difieren bien poco de aquello que Lola Flores decía. Cuando le pedí que me describiera aquellos recuerdos, aquellas sensaciones, esto fue lo que me dijo:

—De Agustín Lara podría estar hablándote días. Yo creo que poca gente en la vida me ha dejado un recuerdo tan imborrable, y a la vez tan bueno. Era uno de los hombres más elegantes que he conocido, y eso que cuidado que era feo... pero no se le notaba. Dos palabras suyas, dos ademanes, y parecía el más guapo de la habitación. Además, siempre tenía un detalle, una palabra amable para las mujeres. La verdad es que era muy mujeriego, pero nunca era pesado, ni molesto. Te encandilaba de repente te decía un versito que te hacía ponerte colorada y yo nunca sabía si se lo acababa de inventar o era de una de sus canciones, porque tenía tantas que era imposible conocerlas todas. Como músico, como compositor, pienso que es el más importante de la historia de la música hispana; ningún otro se le acerca. Él hizo muchas de las mejores canciones que hoy existen, y la prueba es que siguen estando ahí, y que muchas de ellas están de moda hoy cantadas por gente como Luz Casal, Plácido Domingo, Luis Miguel... los más importantes. Me preguntabas si recordaba bien a Lara, y sólo te diré que a Lara no se le puede olvidar. Cuando le has conocido, se te queda para siempre.

Otra española famosa en medio mundo, una de las más grandes cantantes de cuplés que este género ha tenido, Sara Montiel, también conoció a Lara cuando, en 1953, trabajó con él en la película *¿Por qué ya no me quieres?*, dirigida por Chano Urueta y protagonizada por ella, con El Flaco como coprotagonista, interpretándose a sí mismo. Sara interpretaba en aquella película un buen puñado de canciones de Agustín, entre ellas «*Madrid*», canción que ha cantado cientos de veces en su vida. Sus recuerdos del Flaco coinciden plenamente con los de las dos estrellas españolas que antes hemos mencionado, Lola Flores y Carmen Sevilla. Sara recuerda hoy así a Agustín Lara.

—De Lara no se pueden decir más que cosas buenas. No lo conocí muy a fondo, pero lo vi muchas veces, y siempre su trato hacia mí fue igual. Trataba a las mujeres con un respeto y un cariño difíciles de encontrar en ningún hombre. Cuando te hablaba, parecía que estaba cantándote una canción o recitándote un verso. Te envolvía con su voz, pero no porque esa voz fuese especialmente atractiva o bonita, sino por lo que te decía, por sus palabras, que eran acariciadoras, como de seda... He cantado miles de canciones en mi vida, y muchas, muchísimas, de Lara. Y creo que pocas, muy pocas, superan ni superarán nunca a algunas de las mejores canciones de Agustín. Creo que nadie ha hecho boleros más bonitos, y no creo que nadie le supere nunca. Era un genio, y lo seguirá siendo eternamente... Y de su personalidad sólo podría decir una cosa: era una de las más fuertes y poderosas que he conocido. Uno de los hombres más elegantes y con más clase que se hayan cruzado en mi vida. Y eso no se puede decir de la mayoría...

Pero hay también algunas anécdotas que nos indican que Lara, pese a su amor por el esplendor y el lujo, por la elegancia y el cuidado de la imagen, pese a ser «presumido» en grado sumo, era en el fondo un hombre muy distinto cuando estaba solo. Carmela Rey, la protagonista de aquella anécdota que antes relatamos, la de aquel coche con llaves de oro y 999 rosas que un buen día le envió Lara como regalo, cuenta otra que deja ver a un hombre muy diferente:

—Su recámara era de lo más austero, parecía de un monje de convento. Era increíble en un hombre como Agustín, al que le encantaban las cosas fastuosas. Creo que lo hizo como una forma de decirnos: «Yo no soy lo que todo el mundo cree que soy.» Además, en una ocasión me confesó: «¿Sabes a quién le compuse *"Solamente una vez"* Se la compuse a Dios, y está dedicada a él.»

En sus últimos años, ya bastante mayor, Lara evitaba comer en lugares públicos porque la dentadura postiza le resultaba muy molesta, y de hecho no podía comer sin quitársela. Aquello le ponía de muy mal humor, pero no sólo en los restaurante, sino en su propia casa cuando tenía invitados. Así, un día que comían en su casa varios amigos, estaba con él Renato Leduc, quien como él también llevaba dientes postizos y también sufría con ellos. Así que Lara le dijo: «Vente mano, vente a la cocina porque tú y yo comemos muy feo.» Y Leduc y Lara comieron solos en la cocina.

Para cerrar este apartado de anécdotas y opiniones sobre el genial Flaco de Oro, dos breves comentarios de dos de las máximas estrellas de la actual música hispana, dos estrellas que hoy llevan a Lara en sus repertorios y que, con canciones de Lara, han conseguido, hoy, algunos de sus mayores éxitos: Luis Miguel y Luz Casal.

Luis Miguel es, sin duda alguna, el número uno mundial del bolero, el rey absoluto. Y esto es lo que hoy dice Luis Miguel de Agustín Lara:

—Cuando era un chamaquito, el compositor que más gustaba era Lara, y las canciones que más me gustaban eran de Lara. Hoy que ya no soy un niño digo exactamente lo mismo. Lara fue el rey absoluto, el número uno, y nadie va a destronarle jamás. No creo que nadie, nunca, pueda escribir boleros como Agustín Lara...

Y Luz Casal, la máxima voz femenina del rock en castellano, consiguió uno de los mayores éxitos de su carrera con su versión de *«Piensa en mí»*, encargada por Almodóvar para una de sus grandes películas. Ésta es la opinión de Luz:

—Es difícil encontrar un bolero como *«Piensa en mí»*, como es difícil encontrar canciones como cualquiera de los grandes temas de Agustín Lara. No se trata de que sea cursi o no, de que sea romántico o no; se trata del alma, de la cantidad de alma que cada una de esas canciones tienen...

Capítulo II

— Conversaciones con *El Flaco* —

C ORRÍA el mes de julio de 1954 cuando Agustín Lara hizo
uno de sus multitudinarias visitas a España. Fue aquélla
quizá su visita más sonada, en el momento álgido de su
carrera, cuando su fama era ya mundial y en España tenía una legión de seguidores. Uno de los mejores periodistas del país, César
González Ruano, mantuvo en aquella ocasión una larga entrevista
con el genio mexicano, que ayudó a todos sus seguidores españoles
a conocerle bastante mejor.

Decía González Ruano, uno de los hombres más elegantes, a la
par que cultos, de España:

*Agustín Lara tiene giros y modos de un hidalgo español del XVIII.
Habla, mejor que bajo, lejos, como detrás de sí mismo. Como si hablara por carta. Es físicamente un tipo humano impresionante. De
una acabada elegancia sin prisas, una elegancia heredada como un
apellido. Por su sonrisa cruzan colegios. Lleva un traje gris, príncipe de Gales, muy bien cortado, camisa blanca y calcetín negro.
Los zapatos, negros también, enfundan los pies breves, delgados
como toda su persona. Agustín Lara, cuando está de frente, parece
que está de perfil. Sus orejas acaso son demasiado grandes e independientes del rostro anguloso, cetrino. Han dicho que se parece a
Manolete... Pero no. Con todos los respetos para la muerte, yo digo
que él está mucho mejor que Manolete. Todavía tiene ciertas ven-*

tajas que ambos no tengamos ciertos inconvenientes. Se pueden decir cosas así.

De aquella extraordinaria, genial entrevista, traemos del recuerdo al presente una serie de magníficas muestras. Y empezamos la descripción, realmente histórica, magnífica, que el gran González Ruano hizo en aquella ocasión de Lara. Quizá la mejor que se haya hecho nunca.

Agustín —decía González Ruano—, hablándome de Manolete, a quien conoció, a quien tuvo varias veces sentado a su mesa en su casa de México, desaparece un momento en la habitación próxima, la alcoba. Está haciendo su primera escapada. Porque Agustín Lara se escapará casi continuamente durante la conversación. Es curioso. Hay en este hombre una inquietud fugitiva. Una vez será para buscar un pañuelo. Otra para coger tabaco. Las otras, no sé para qué. Él, tan cortés, tan extremado, se va continuamente unos segundos hablando de algo y vuelve hablando de lo mismo. Es como un misterioso juego de prestidigitación. Como si tuviera a alguien en la habitación próxima o se tomara una píldora solitaria. «Disculpe, señor», me dice. Sus uñas están cuidadas, pulidas como joyas en la mano muy morena. Los egipcios tienen también las manos así. En el meñique de la izquierda lleva una gran sortija de plata o de platino con una piedra azul...

—Chacha, los ceniceros.

Es una camarera de piso. Agustín la llama «chacha». En una de sus innumerables desapariciones instantáneas le pregunto a Lozano por la cicatriz que desgarra dramática y aparatosamente la parte izquierda de su boca. ¿Se le puede preguntar a él?... Lozano me dice:

—Sí. Es una bonita historia. Él mismo se la contará.

Pero no quiere contarla. Se encastilla en una especie de niebla caballeresca.

—No tiene importancia, señor. Es solamente un accidente. Eso es: un accidente, señor.

El pelo de Agustín Lara es como un edificio casi blanco, del que sale el humo de un tupé.

—Las ciudades son como uno las había soñado. París era también, cuando llegué la primera vez en 1938, el París que imaginé desde México. Entonces yo tenía plata. Conocía bien el idioma. Madrid es mi Madrid. Lo tenía grabado en el árbol de mi vida, señor. Pero no me dejan verlo. Lo entreveo a través de una empalizada de hombros.

Sabido es que materialmente no le dejan vivir a este hombre. Si tal vez hay cariños que matan, sin duda hay cariños que baldan. Este hombre lleva ocho o diez días sonriendo con una copa en la mano, prensado, estrujado, besuqueado, exprimido como un limón por un público demasiado sediento.

—A lo mejor, en Méjico no era usted tan delgado, digo yo...Y concretamente, ¿a qué debe decirse que ha venido usted?

—Mi viaje tiene una razón puramente sentimental con un justo deseo de descanso. En los dos últimos años he trabajado tanto, que creo que me había merecido esto y que el mejor sitio que podía elegir era el regazo amoroso de nuestra madre.

Agustín Lara dice con una gran naturalidad todas las frases que, escritas y trasladadas literalmente, pudieran parecer afectadas y pomposas. Prosigue:

—No he venido a trabajar. Pero seguramente lo haré. Siento que debo hacer algo más en canciones que me inspiren este viaje a España. Siento también un deseo de volver a México llevando en mi voz, en mi corazón, entre las manos, el tributo que debo rendir a la colonia española de mi patria.

—*¿Por qué a la colonia española?*
—Ellos son los que han financiado generosamente este viaje.

Adivinaciones

—*Aragón debe parecerse a Taxco... ¿Qué canciones de adivinación española, de presentimiento español...?*
—Muchas, señor: Valencia, Murcia, Aragón, Sevilla, Granada, Madrid...

Lozano me dice que el catálogo de canciones de Agustín Lara tiene más de seiscientos títulos. Que de muchos, de muchísimos países, los discos de estas canciones no le producen un solo céntimo de derechos. Que acaba de oír «Madrid, Madrid, Madrid» cantado en sueco.

—*¿Y cómo quedaba, querido Agustín?*
—Horrible, señor, horrible.

A Agustín Lara le gusta nuestro tabaco negro; pero no lo sabe liar. El mío afortunadamente está liado. Fumo siempre los mismos emboquillados que compro bajo palabra de honor. Él enciende uno, le da dos chupadas y lo deja definitivamente.. Comprendo que le debe parecer muy malo.

—*¿Qué canción de usted considera la más popular?*
—*Solamente una vez.*

Me cuenta Agustín Lara que con sus distintas canciones y toda su popularidad —él dice que ha sido profeta en su tierra— no podría vivir de ellas.

—Con los derechos de autor yo no podría darle de comer a un canario. En lo que gano es en la radio y con mi compañía de revistas.

Toros

Los toros. Nuestra Fiesta Nacional, también tan mexicana, la Fiesta Brava, es una verdadera pasión del compositor.

—¿Sabe usted lo que más me impresiona? Cuando me brindan algún toro. Toda la electricidad que hay en la plaza la siento entonces sobre mí. Yo he sentido en muchas ocasiones esta enorme angustia esperanzada, ese luminoso y trágico optimismo que es corresponder con una oración que no se dice, pero que le llega a Dios, para que la faena que le brindan a uno sea acompañada por la fortuna. Los toros me encantan. No cambiaría por un trono mi barrera de sol.

Mujeres

Las mujeres. Yo no me he cansado todavía de hablar de mujeres. Agustín tampoco. Él tiene de la mujer un sentido y un sentimiento obsesionados, como un verdadero culto.

—La mujer es el origen y el aliento de la vida. Es todo para un hombre de verdad. Las he hecho infinitas canciones.

—*¿Usted hace siempre las letras de sus músicas?*

—Sí. Casi todas son mías.

—*¿Ha escrito usted poesías que no fueran para música?*

—Muy rara vez. Y en alguna ocasión han tenido la gentileza de incluirme en más de una antología. Pero esto es pura amabilidad de quienes así lo han hecho.

De muchas otras cosas hubiera hablado con Agustín Lara, pero muchas de ellas, en las que seguramente están pensando los lectores de esta conversación, no me parecían oportunas. Hay muchos modos de sentirse intimidados en la vida, pero tal vez el más certero de todos sea el de observar, en la persona con quien estamos hablando, una permanente y exigente cortesía que no tiene desmayo ni flaqueza. Esto causa en toda criatura bien nacida un elemental respeto. Por otra parte, el apoteósico y permanente recibimiento que los españoles han hecho a Agustín Lara le hace a uno tener una idea en cierto modo apocada del tiempo que se le monopoliza. Aunque él no haya dicho nada, uno se imagina que su programa de esta tarde está seriamente dañado con la hora de conversación que me ha dedicado. A pesar de todas las órdenes cursadas delante de mí a las telefonistas, el teléfono ha sonado casi permanentemente durante esta visita. Todo aconseja dejarle a Agustín Lara no en paz, puesto que esto no es posible, pero sí en ese infierno de cordialidades que le rodean.

—Agustín, ha sido usted muy gentil conmigo...
—Usted me manda, señor. Usted me tiene siempre con usted, señor.

Probablemente ésta sea la mejor entrevista que nunca se le haya hecho a Agustín Lara, no por las preguntas en sí mismas, sino por la genial, soberbia descripción que aquel irrepetible periodista y escritor, César González Ruano, hizo del personaje.

El Cristo Negro de Otatitlán

Fue en febrero de 1963, siete años antes de su muerte, pero con su salud ya muy quebrantada, cuando Agustín Lara tuvo un encuentro en México, en Veracruz, con otro periodista español, G. Bethencourt. En España se le echaba de menos, y el periodista fue a reclamar su presencia de nuevo en su «tierra madre». Aquella conversación, nueve años posterior a la que acabamos de recordar en las anteriores páginas, mostraba a un Lara diferente, más cansado, dolido por los impedimentos que su salud ponía a la que hasta entonces había sido su forma de vida. Diez meses antes de esta conversación, los médicos ya le habían desahuciado. Y esto es lo milagroso. Porque Lara vivió, o al menos así lo creían con fe ciega él y su médico, un milagro que le salvó la vida. Tras ser desahuciado, aguantaría todavía siete años agarrado a la vida. Ésta es la historia del Cristo Negro de Otatitlán y de cómo un «gran pecador» recobró, para el resto de su vida, una fe que en adelante sería inquebrantable.

Son un sombrero de fino tejido de palma, una camisa blanca hasta herir los ojos de quienes la miren y un pantalón de color marfileño diluido los que le dan cuerpo. Entre la palma del sombrero y el algodón del tejido, muy poca carne de hombre y unos ojos que taladran. Así he visto venir a estrecharme la mano a Agustín Lara. A este hombre que, en seguida, me inquiere por Madrid y por el conde de Mayalde (a la sazón alcalde de la capital española), *por Perico Chicote y por la última fiesta en Villa Rosa.*

Yo sólo le he podido saludar en esta su casa de Veracruz, con mucho mar para mirar, y preguntarle por su retorno a aquel «Madrid, Madrid...», *con o sin agasajo postinero.*

—No sé, me da mucho miedo. A mí me sucede que las ciudades que más amo me rechazan. Hace diez meses mi México, mi ciudad, aunque uno sea nacido en Veracruz, me dijo: Agustín: márchate de mis calles porque te he sentenciado a muerte. El corazón me iba a estallar cerca de la estatua de Colón, a dos pasos de la efigie en bronce del «Joven abuelo» Cuauhtemoc. Con Madrid, mi segunda ciudad más amada, me temo que ocurra lo mismo. Yo sólo puedo vivir junto a este mar de Veracruz, que me salvó de morir, y en este hogar donde Dios, al hacer uno de sus grandes milagros, me devolvió la fe.

Me he dado cuenta en seguida de que Agustín Lara —años y años de andar con la vida gustada en todos los escalones— está en ese trance de querer a todo trance hacer literatura. De hablar para que alguien recoja sus frases con destino a una posteridad de la que Agustín espera ser rey musical. Es cierto que, hace diez meses, los médicos desahuciaron al músico más conocido de Hispanoamérica. Su corazón —él asegura que lo gastó amando tanto y tanto— no resis-

tía la presión sanguínea proporcionada por los casi tres mil metros de altitud de la capital mexicana. *Agustín Lara se vino a vivir con su esposa, de dieciocho años, a su tierra jarocha, a ese su Veracruz por donde antaño entraban como en manadas los mozos asturianos y montañeses para dormir muchas noches en los mostradores de los comercios de abarrotes y llegar, un buen día y de pronto, a la categoría de «indianos».*

Agustín Lara tiene una casa muy a su estilo en la colonia Costa Verde. Allí se siente maldito de la ciudad de México y dios de los jarochos. Pero un dios que no pesa nada. Como si ese mar que le ha curado —lo del «milagro divino» se refiere a otra dolencia— se hubiese comido sangre, grasa y músculo para dejarle sólo el hueso, el hueco de las arterias y la piel.

—Cuando llegué aquí los médicos me dijeron que no podía moverme siquiera de la cama. Pero yo no les oí. El mar me llamaba y a él me entregué. He sido durante días y días un tiburón que, cuando se cansaba, se tendía sobre la arena de la playa como una lagartija al sol. Estaba convencido de que el mar veracruzano desataría a mi corazón de sus ligaduras con la muerte. Pero de lo otro me salvó Dios. Mejor dicho, el Cristo Negro de Otatitlán.

No me deja Agustín Lara siquiera abrir la boca. Parece como si ahora la conversación fuese para él mejor droga que la marihuana o la coca.

—Sí, me salvó el Cristo Negro de morir rabiando como un perro. Una tarde, después de haberme pasado muchas horas en la piscina, entré en la casa. Resbalé ahí —Agustín tiende su brazo y su mano hacia un lugar escasamente preciso— y me partí la cadera. Me tenían que enyesar y yo me negué porque estaba seguro de que entonces sí saltaría mi corazón a medio curar.

Se detiene Lara. No a tomar aire, sino para meter más adentro del pecho su voz. Luego prosigue:

—Para andar tenía que apoyarme en los muebles. El médico me informó de que se había formado un foco permanente de infección en la cadera fracturada. Y que esa infección acabaría conmigo en menos de dos semanas. Entonces me visitó un amigo y me habló del Cristo Negro de Otatitlán.

Otro paro. Los ojos brillantes van desde el rostro a unos zopilotes que casi no se mueven en la buhardilla del nuboso cielo veracruzano. De nuevo al monólogo:

—Le llaman el Cristo Negro porque unos desalmados le cortaron la cabeza a la imagen con un serrucho. Luego tiraron la cabeza a una choza donde dormía un niño. Le prendieron fuego a la choza. El niño murió y la cabeza del Cristo salió intacta. Se la volvieron a pegar con cola a la imagen. Y a implorar mi salvación a ese Cristo fui porque, aunque muy fuerte pecador, sé que la misericordia divina se complace más en ayudar a los mayores pecadores. Y yo soy de estos últimos. Quien me había hablado del Cristo Negro me puso delante de su altar. Allí estaba con su cabeza chamuscada. Le pedí a mi amigo que me arrodillase. Su respuesta asombrada fue: «Agustín, con la fractura tan grave que tienes sentirás un dolor tremendo?» Pero insistí, y mi amigo me hincó de rodillas. No me dolió nada. Cuando terminé de rezar, después de un largo rato, me levanté como si nunca se me hubiera quebrado ningún hueso. No podía hablar. Volví a Veracruz de inmediato y visité al médico. Yo —y recalcaba este «yo»— y él estábamos plenamente convencidos de que el Cristo Negro de Otatitlán se había acordado en su infinita misericordia del más pecador de sus hijos.

Ahora es a mí a quien da miedo cortar el silencio que se mece bajo el aire «norte» que sopla hoy en Veracruz. Agustín Lara —¡qué lejos en estos momentos de su Madrid y de su Granada!— se siente transportado, ajeno a que su joven y guapa esposa cruza por el fondo de la sala, de que hay un periodista español que quiere seguir conversando.

Cuando el monólogo se reanuda ya Agustín Lara ha perdido la gracia del «pájaro verde que canta en la verde esquina». Ahora habla otra vez de su amor por México y por Madrid, de su deseo de seguir creyendo firmemente en Dios, de las mujeres que siempre le inspiraron su mejor música.

Sólo a la postre cuenta que volvió a Otatitlán para que dijesen misa, con tres padres, y para que todo el pueblo bebiera, comiera y bailara a las costillas —hueso fino en un cuerpo por donde es más la ropa que la vida— del más conocido de los músicos de Hispanoamérica.

Mi encuentro con que Agustín Lara está prácticamente cerrado y sellado. Le pido una fotografía. Él, despacio, toma de la mesa el último número del semanario «Siempre» y arranca la página tercera. Mira con deleite la hoja y sorbe con fuerza el pitillo recién encendido.

—Tome ésta. No tengo el original, pero quiero que en España vean cómo está su gran amigo Agustín Lara después de que le salvaron la vida el mar de Veracruz y el Cristo Negro de Otatitlán.

Me voy casi sin despedirme, porque a la literatura hecha música —o viceversa— no se le debe decir «adiós», sino «hasta luego». Cuando salgo del chalé de la colonia Costa Verde, el «norte» veracruzano se ha convertido en huracán...

Capítulo V

— Un vistazo a toda una vida —

E N el año 1967, justo cuando Agustín Lara empezó a retirarse del mundo y de la vida, mantuvo una conversación informal, pero larga y muy interesante, con un joven periodista español, Alfonso Eduardo Pérez Orozco, quien pocos años más tarde sería una de las máximas estrellas de la radio en España, y años después, el más importante periodista especializado en cine en la televisión española.

Alfonso Eduardo nunca utilizó esta entrevista más que fragmento a fragmento, en pequeñas dosis; nunca fue publicada completa ni utilizada para otra cosa que para hablar, en momentos puntuales y sobre aspectos concretos, de algo referente a Lara. Hoy, Alfonso Eduardo aporta a este libro aquella entrevista, que en realidad no era tal, sino el producto de una conversación entre un viejo maestro y un joven periodista que hablaba de las nuevas música, las nuevas generaciones, pero que se interesaba, naturalmente, por las raíces.

Viajé a México por causalidad, porque en realidad iba a Los Ángeles, pero una serie de circunstancias me hicieron parar tres o cuatro días en México D.F., y allí tuve la fortuna de que alguien de la embajada española, no recuerdo quién, me llevó a una recepción en la que estaba Agustín Lara. No sé por qué, pero debí caerle bien, ya que no me conocía de nada, pero estuvimos hablando como un cuarto de hora, en

un precioso jardín, y fue una maravillosa conversación. Debo recono-
cer que yo sabía de Lara lo justo, y nuestra conversación empezó porque
yo le pregunté sobre las películas que había hecho en España, sobre Lola
Flores, Sara Montiel, el chotis «Madrid», su amistad con Perico Chicote...
Él debía estar enfadado con alguien o harto del ambiente, porque el he-
cho es que me llevó hasta aquella terraza y empezó a contarme recuer-
dos, a repasar un montón de cosas. Y lo más sorprendente es que aque-
llo no era una entrevista, sino una conversación. Pero lo recuerdo como
si lo hubiera grabado, cosa que, naturalmente, no hice. Era evidente
que Lara tenía ganas de hablar de España. Y lo que hablamos fue, más
o menos, esto:

—Estoy encantado de conocerle, don Agustín. La verdad es que en
este momento me hubiera gustado ser granadino en vez de sevillano para
agradecerle esa canción, «Granada»... Pero como soy sevillano le pre-
gunto por qué no ha hecho usted nunca una canción a Sevilla, la ciu-
dad más bonita de España... No es justo.

—En España, señor, todo es bonito, y en toda una vida no se
tiene tiempo para cantar tanta belleza... Si hubiera tenido más tiempo, que me temo que ya no lo voy a tener, no dude usted de que
Sevilla hubiera tenido una canción mía, un homenaje mío, como lo
tienen otras ciudades de su hermoso país, mi madre España... Pero
aunque lo haya podido hacerlo materialmente, délo usted por hecho de corazón. Con todo el corazón.

—Es usted, aunque usted ya lo sabe, uno de los compositores que
más se quiere en mi país. Usted ha ido a España pocas veces, pero todo
el mundo le quiere, y parece que usted nos quiere también... ¿Es cierto
que compuso «Granada» sin conocer la ciudad?

—Sí, es cierto, pero nada tiene de extraño. Recuerde usted que
esa canción empieza diciendo *«Granada, tierra soñada por mí...».* Yo
había soñado muchas veces con Granada, y para soñar con ella no
hace falta más que sentirla en la distancia. Mire usted que me equi-
voqué muy poco en cuanto dije en aquella canción aun sin conocer
la tierra... Tan poco que hoy no cambiaría una sola letra de lo que
hace tantos años escribí. Dice usted que en España me quieren; pues
seguro que es muy poco comparado con lo que yo quiero a su país.

—*¿Y por qué? ¿Qué le une a España?... Usted la llama «madre»...*

—Es que lo siento así, la siento como una madre. El porqué no podría explicarlo de una manera ortodoxa, porque un sentimiento no se puede explicar. No hacen falta razones para un sentimiento, y un sentimiento es lo que yo tengo por mi «madre» España...

—*En las ocasiones en que usted visitó España ha aprovechado el tiempo... ¿Qué le gustó más, desde un punto de vista más prosaico, dejando un poco a un lado el sentimiento...?*

—Son tantas cosas y tantas gentes que le tendría aquí toda la noche hablando... Pero ya que me pide que le hable «en prosaico», le diré que hay cosas de España que no pueden olvidarse, incluso aunque no se conozcan. El vino, por ejemplo. Lo conocía desde aquí, y soñaba con tomarlo allí. Y allí sabe mejor. Pero podría decirle muchas cosas: sus asados, sus dulces... y sus ambientes, su gente platicando en un buen local. Los cócteles de ese Chicote son irrepetibles. Mi mención en el chotis de *«Madrid»* me parece un homenaje demasiado pequeño para un tipo tan grande... Y no me olvido de sus comidas, sus chanchitos (cochinillo asado), sus frijoles (judiones, fabada...). Yo no como mucho, pero sé distinguir.

—*Me han contado que este cariño que siente usted por mi país le ha costado algún que otro disgusto con los exiliados españoles en México, que no le perdonan que el general Franco le admire y le agasaje, y que usted acepte esos homenajes...*

—Eso es una estupidez. Los sentimientos no tienen por qué tener nada que ver con la política; los políticos pasan, pero los países y sus gentes no. Cuando yo fui a España no fui a hacer política, fui a mostrar mi música y a cuestiones relacionadas con eso. Quien desee verlo de otra forma, es su problema, no el mío. Yo nunca me he metido en política en mi país porque no me ha dado la gana hacerlo, así es que mucho menos voy a hacerlo en otra parte. Si alguien, por sus ideas políticas, quiere imponerme a mí que yo haga algo, será mi enemigo. Pero si alguien, por sus ideas, quiere impedirme que haga algo, lo será también. Me importa bien poco lo que piensen los exiliados españoles, se lo aseguro. Me importa lo que pienso yo.

—*Bueno, no se enfade... ¿Qué tal le fue con Lola Flores en «La Faraona»?...*

—Magníficamente, como no podía ser de otra forma... Gran mujer y, sobre todo, simpática y abierta como pocas he conocido. Entre las mexicanas y las españolas hay muchas más diferencias de las que podría parecer en un primer momento. Las mexicanas son fuego, pero las españolas son pólvora... Lola Flores no es, creo yo, una especie de «modelo» de lo que son las españolas, porque conozco otras y no se parecen en nada... Pero sí está en todas ese mismo espíritu. Ella, por lo que me pregunta, es una artista de fuego, un ser excepcional. No me extraña que para ustedes sea una especie de mito, con lo joven que es. Creo que lo será toda su vida.

—*Usted ha hecho mucho, muchísimo cine... ¿Le ha gustado hacerlo?*

—Claro; si no, no lo hubiera hecho. Pero debo reconocerle que me hubiera gustado, en el cine, hacer mucho más de lo que he hecho, que en realidad, con la perspectiva de los años, no me parece gran cosa. Me hubiera gustado ser un buen actor, que no lo fui, y me hubiera gustado que las películas que hice fueran mejores... Pero hay que tener en cuenta que hace treinta años no había ni el dinero ni los medios que hoy hay, y dentro de lo que disponíamos, se hacía lo que se podía. Y se hicieron películas muy buenas... aunque yo nunca estuve en ninguna, al menos como actor. Sí tuve la fortuna de que canciones mías sí figuraran en buenas películas, y espero que sigan utilizando alguna en el futuro.

—*No sé si será un mito, pero se dicen de usted cosas curiosas, que igual son un invento publicitario de sus agentes de cara a su imagen... Pero, ¿es verdad que tiene usted más de mil trajes?*

—¡Já, já! *(se ríe)*... Mire, yo nunca los he contado, supongo que a lo largo de mi vida he tenido unos cuantos... No sé, nunca los conté, eso lo dicen otros; pero sí le digo yo, y le aconsejo que haga lo mismo, que debe parecer que es así. Hay que ser elegante, amigo, hay que tener estampa, buena presencia, procurar ser siempre más elegante que el tipo que tengas al lado. Sólo así se tiene éxito. Es cierto que yo siempre he tenido cuidado con eso, con la ropa, con la cigarrera, con el auto... No vale el mérito, sólo hay que tener dinero para comprarlo, y buen gusto para comprar lo que vale la pena.

—*Siempre se ha dicho que usted ha sido (o sigue siendo) uno de los hombres con más éxito entre las mujeres que se hayan conocido. ¿A qué lo achaca? ¿Cómo lo consigue?*

—Es fácil; simplemente, hay que darle a la mujer lo que la mujer quiere: dulzura. Decirle cosas que le guste oír, lo que ella quiere escuchar. Siempre tuve la suerte de que no me costó nada hacer eso; las mujeres —no todas, pero sí muchas— siempre me parecieron seres excepcionales, curiosos, dignos de estudio, y por supuesto adorables. No podría vivir sin una mujer, y de hecho creo que nunca lo hice. Se ha contado muchas veces —ellas mismas lo han contado, y muchas veces se lo inventaron— que yo, con cuatro palabras dichas al oído, era capaz de conquistar a una mujer... Falso. O, al menos, no exacto, porque no era tan fácil. Había que saber qué palabras se decían, y ese es un don con el que Dios tuvo a bien tocarme, la habilidad para saber qué palabras había que decirle a cada una, porque no todas son iguales, mi amigo.

—*Ha vivido usted una vida apasionante... ¿Se arrepiente de algo?*

—Sólo de no haberla vivido más intensamente. Yo, como todos, he perdido mucho tiempo en muchas tonterías. Pero de eso sólo se da uno cuenta cuando ya es tarde.

—*Le veo algo pesimista... ¿Por qué?*

—Porque estamos hablando de la vida, de las cosas que te ofrece... y usted es muy joven y yo ya estoy acabando. Hubo un tiempo en que yo, como usted ahora, podía beberme una botella de licor sin que se notara en mí cambio alguno; hoy no me dejan apenas beber agua... Esto ya no es vida, o al meno no es la vida que uno, cuando conoce otra, quiere vivir. Pero mire, hay que aguantarse. No queda otra.

—*No me dirá que se ha retirado usted de su vida, que ya no le tira un tejo a una dama o no se me toma unos cócteles o unos brandys cuando se tercia...*

—Para hablar con una dama y decirle algo bonito nunca es tarde, sólo hay que tener ganas. Y ocurre que yo ya tengo pocas.

Y para beberse una botella, hace falta que no te vigilen, y a mí me vigilan...

—*Siempre he leído que, de cuantas mujeres ha tenido usted, una marcó su vida de forma muy especial. ¿Cómo se lleva usted hoy con María Félix? ¿Siguen hablando alguna vez, se escriben, mantienen alguna relación...?*

—No suelo hablar de esto, pero no me importa decirle que María fue sin duda la mujer de mi vida. Nuestra unión acabó mal, y nuestro reencuentro años después, aún peor. Hace mucho tiempo que no hablamos ni nos vemos, salvo en alguna ocasión casual en la que apenas nos saludamos. Pero eso no excluye la realidad, porque sí fue la mujer de mi vida, aunque haya habido muchas. Mi recuerdo de ella siempre será maravilloso, porque con los años, supongo que por eso, uno se da cuenta de que mucha parte de lo malo que le ocurrió fue por culpa suya, y ahora creo que buena parte de la culpa de lo que pasó entre María y yo debió ser culpa mía.

—*¿Qué planes tiene para el futuro, señor Lara?*

—Le parecerá extraño, pero debo decirle que ninguno. Hace tiempo que ya no hago planes...

Capítulo VI

— Honores para un hombre genial —

HAN sido innumerables los homenajes que Lara recibió en vida y sigue recibiendo desde que se fue. He aquí algunos de los recuerdos que en su honor se han dejado de forma permanente en la tierra en la que vivió.

España, su segunda tierra

Durante su visita a España en 1964 Lara recibió numerosos homenajes, y hasta el general Francisco Franco, jefe del Estado en aquella época y gran admirador de su música, le nombró en 1966 «Ciudadano Honorario de España». Todas estas circunstancias le acarrearon a Lara la enemistad de los exiliados españoles republicanos que vivían en México, y a quienes no gustaba que aceptara participar en actividades organizadas por aquel régimen político.

Pero lo cierto es que en España Lara tenía infinidad de admiradores que le acosaban cariñosamente y le perseguían de una forma agobiante. Una de las consideraciones más cálidas que Lara recibió en España fue el 15 de junio de 1964, cuando la ciudad de Granada decidió tributar un más que merecido homenaje al hombre que con una canción había contribuido a inmortalizarla aún más, si es que ello era posible. Lara, nada más bajar del avión, dijo a los periodistas: «No he venido a pisar la tierra de Granada sino a besarla con los labios y el corazón.» El Ayuntamiento de esa ciudad andaluza, por acuerdo del Pleno Extraordinario Municipal de 12 de junio de 1964, le nombró «Hijo Adoptivo», le hospedó en el Hotel Alhambra Palace y le ofreció una recepción en el Carmen de los Mártires, en la cual el mexicano recibió una catarata de obsequios, entre ellos una caja de taracea que contenía tierra granadina; también le encantó una batuta con empuñadura de plata. El multitudinario homenaje popular se verificó en el Paseo de los Tristes, a los pies de la Alhambra, aprovechando el escenario allí instalado durante las recién celebradas fiestas del Corpus. La Banda Municipal de Música interpretó los sones de *«Granada»* y el propio músico dirigió la banda durante unos momentos.

Uno de los últimos homenajes rendidos a Lara en la España que tanto adoraba y que tanto le quería a él se celebró en noviembre de 2000, con motivo del centenario de su nacimiento, cuando una serie de cantantes y artistas importantes, todos ellos relacionados de una u otra forma con Lara o su música, le recordaron en un gran recital conjunto. Allí estuvieron Olga Ramos, que interpretó el recital *«Los virtuosos»*; Astrid Hadad, Regina Orozco y Mono Blanco, protagonizaron el concierto *«Clavel azul para Madrid»*, en el que también participaron Sara Montiel, Luz Casal *(«Piensa en mí»)*, Roger Salas, Jacqueline de la Vega y Alejandro Aura, autor de «La hora íntima de Agustín Lara». Todos ellos homenajearon al compositor.

También en Cuba y, naturalmente, en México, Lara ha recibido innumerables homenajes, y con motivo de su centenario, esos homenajes, especialmente en su propio país, se contaron por docenas.

Monumentos al Flaco de Oro

Se le han erigido varias estatuas: una está en el puerto de Veracruz, (cuyo alcalde le entregó las llaves de la ciudad) y es obra del escultor Humberto Peraza Ojeda. Otra se encuentra en la ciudad española de Granada; realizada en bronce en 1991, fue un obsequio del pueblo mexicano al pueblo español, y representa su figura sentada, adoptando una pose característica suya, con un puro en la mano junto a un toro y dos mujeres que le rodean. Un teclado de piano completa el conjunto, lleno de la simbología de Lara. En el monumento figuran varias placas con poemas dedicados al compositor, así como una frase suya, pronunciada el 22 de agosto de 1965: *«Granada: sólo tú podrías haberme inspirado esta canción divina. Bendita seas.»*

Y, recordemos, Lara escribió *«Granada»* sin haber conocido aún la ciudad...

Además de estos dos monumentos, Lara tiene otras estatuas erigidas en su honor. Una está en Los Ángeles, y hay otra en Madrid, en la Corrala del castizo barrio de Lavapiés. Esta última, erigida el 13 de mayo de 1975, es también obra del escultor Humberto Peraza Ojeda. Otras estatuas se erigen en La Habana, en la ciudad de México, Monterrey...

Sellos con su imagen

México le dedicó su primer sello en una emisión de 1971, con un valor facial de 40 centavos, y tuvo como motivo principal el teclado de un piano, su instrumento inseparable.

El Correo mexicano emitió el 19 de diciembre de 1995 una serie denominada *«Ídolos Populares de la Radio»*, compuesta por ocho sellos impresos «se-tenant», todos con el mismo valor facial (1,80 pesos), en los que figuran junto a Agustín Lara otras estrellas legendarias, algunas de ellas muy relacionada con el músico, como las hermanas Águila y, sobre todo, dos de los mejores intérpretes de la canción mexicana de todos los tiempos: Toña la Negra y Pedro Vargas. Con ambos compartió muchos éxitos por los escenarios de todo el mundo.

El 14 de octubre de 1997 se utilizó en la ciudad de Los Cármenes un bonito matasellos especial que conmemoraba el centenario del nacimiento de Lara. Este sello reproducía su retrato de perfil junto a la mención del título honorífico de «Hijo Adoptivo» de la ciudad.

A finales del año 2000, el Correo mexicano volvió a ocuparse del genial artista azteca, y de paso también de otras figuras del espectáculo de México muy relacionadas con él, como María Félix o Toña «La Negra», mediante la emisión de un sello que forma parte de una gran hoja-bloque dedicada a los «100 Años de Identidad y Diversidad Cultural» de México.

Sus calles

Distintas ciudades españolas han dedicado calles al inmortal compositor mexicano.

Granada, Murcia, Valencia y Madrid tienen todas una calle dedicada a la memoria del músico. Y, por supuesto, en México hay innumerables ciudades y pueblos que le distinguieron con este honor.

Capítulo VII

— Lara y su «madre» España —

En 1954 el Casino Español de la ciudad de México organizó lo que sería el primer viaje de Lara a España. Para el músico fue un viaje inolvidable y un reencuentro con sus raíces. Se cuenta que cuando llegó por primera vez a la capital de España, se arrodilló, besó la tierra y dijo: «¡Hola madre! ¿Cómo has estado?»...

Aparte de *«Granada»*, tema que compuso sin haber estado aún en esa ciudad, dedicó canciones a Sevilla, Toledo, Murcia, Navarra, Valencia y Madrid.

Agustín Lara viajó varias veces a Europa; el último de sus viajes fue a España, en 1965; durante aquel viaje Lara visitó varias ciudades, en todas las cuales fue calurosamente recibido y homenajeado.

Agustín Lara fue un enamorado de todo lo que significaba España, era un apasionado de la fiesta de los toros y un rendido admirador de la mujer española.

Capítulo VIII

— Dos personajes —

En la vida de El Flaco de Oro hubo varios personajes importantes, personas que influyeron notablemente en su vida. Si Juan Arvizu fue su descubridor y quien le abrió las puertas de la fama, si María Félix fue sin duda la mujer que marcó su existencia, si hubo infinidad de cantantes de primera fila que colaboraron a hacer de su fama algo imperecedero, hubo no obstante dos personas muy especiales para él, dos cantantes especialmente significativos en su existencia: Toña «La Negra» y Pedro Vargas.

Pedro Vargas

Pedro Vargas, a quien llamaron «El Tenor de las Américas» (1906-1989), fue durante muchos años el «cantante oficial» de Lara; de hecho, El Flaco de Oro compuso el tema *Granada* en 1935 especialmente para él, pensado para su voz tan especial. Entre las muchas canciones famosas de Lara que han dado la vuelta al planeta en voces inolvidables, y entre los muchos cantantes importantes que colaboraron a convertir las canciones de Lara en famosas en todo el mundo, Pedro Vargas fue el primero y principal intérprete de temas como *María Bonita*, *Rosa*, *Mujer* o *Solamente una vez*. Pero, además, Pedro Vargas fue uno de los mejores amigos que Lara tuvo en su vida.

Toña «La Negra»

María Antonia del Carmen Peregrino Álvarez, Toña «La Negra» (1912-1982), consiguió abrirse paso en el mundo de la música cuando logró que Lara la escuchara cantando *«Enamorada»*. Se dice que quedó tan deslumbrado que a los pocos días el músico compuso para ella *«Lamento jarocho»*, un canto a la ciudad de Veracruz, de la que la cantante era oriunda. Toña «La Negra» fue una de las grandes intérpretes de los temas larianos, entre los que cabe destacar *«Noche criolla»*, *«Oración Caribe»* o *«Veracruz»*, entre otras. Además, y como en el caso de Pedro Vargas, Toña «La Negra» fue una de las mejores y más grandes amigas «de verdad» que El Flaco tuvo.

Capítulo IX

— Su muerte —

«La vida es un suspiro, un suspiro, y ya se lo llevó el carajo», le dijo Lara a Ricardo Garibay en 1958, cuando este último estaba preparando el guión de la que sería la película «*La vida de Agustín Lara*», que ese mismo año dirigió Alejandro Galindo. Aún faltaban más de diez años para que Lara muriese, pero para entonces él ya consideraba que su vida se estaba agotando. Y es que, realmente Lara ya había vivido mucho o, mejor, muy intensamente. El mundo le había dado todo, y era poco lo que le quedaba por descubrir o desear.

Fue a partir de 1967, con su salud ya muy desmejorada, cuando realmente Agustín Lara decidió retirarse, poco a poco pero definitivamente, de la vida, tanto artística como social, para recluirse voluntariamente en su casa de la colonia Polanco, en la capital mexicana.

En octubre de 1970, una caída en su casa le produjo la rotura del fémur, por lo que ingresó, con el nombre falso de Carlos Flores para evitar visitas inoportunas y tratando de ocultar a la prensa su mal estado, en el Sanatorio Inglés de la ciudad de México.

De aquellos días, su viejo y eterno amigo el periodista Paco I. Taibo, quien sí supo de su estancia en el hospital y acudió inmediatamente a verle, recordaba:

«—Parecía siempre un hombre a punto de morir, aunque a veces teníamos la sensación de que era eterno. En el sanatorio Inglés sus manos estaban cadavéricas. Era un precadáver (la última vez que lo vi), no había manera de concebirlo vigoroso y vivo...».

Finalmente, Lara sufrió una insuficiencia respiratoria que resultó fatal. El 6 de noviembre, a las 14,50 horas, su corazón se paró. Tenía setenta y tres años.

El cuerpo del Flaco de Oro fue traslado al día siguiente al Teatro de la Sociedad de Autores y Compositores de Música de México (de la que fue presidente de honor vitalicio), y desde allí fue llevado al Palacio de Bellas Artes, donde se instaló la capilla ardiente para que el compositor pudiera recibir el multitudinario homenaje de miles de personas. Se le brindaron desde ese momento innumerables homenajes; varios de los cantantes más famosos del país acudieron a cantar ante el féretro sus canciones más famosas, mientras los organilleros de la ciudad acompañaron el cortejo fúnebre tocando uno de sus temas...

Sus restos fueron trasladados a la Rotonda de Hombres Ilustres del Panteón Nacional de Dolores, en la capital mexicana, donde reposan.

El día que murió Agustín Lara, algunos no se lo creyeron. Algunos pensamos que tal vez, al día siguiente, si hacía sol, Lara sentiría, probablemente, la imperiosa necesidad de abrir de nuevo sus ojos, para ver cómo la solas de su mar veracruzano traían a su playa un nuevo nombre de mujer, la notas de una nueva canción y alguna nueva aventura para la vida de un aventurero, cursi, educado, dandi y genial. Un Señor, con mayúscula, que se llamó Agustín Lara.

Capítulo X

Quizá uno de los homenajes más entrañables que Lara recibió sea este corrido que resume el cariño que el pueblo mexicano sintió y sentirá siempre por su más ilustre compositor.

Corrido de Agustín Lara

Voy a cantar un corrido
llorando con toda mi alma.
México llora conmigo
la muerte de Agustín Lara:
ha de alumbrar su camino,
la Virgen Guadalupana.

Rezos y quejas de piano
son sus creaciones famosas,
versos de amor inspirados
son sus mujeres preciosas;
blancas palomas volando
sobre jardines de rosas.

Tierra bendita de Anahuac,
envuélvelo en tu bandera,
que llore también España
cuando lo cubra la tierra;
y en el fulgor de una estrella
brille la flor de su alma.

Que lloren todas las arpas
del suelo veracruzano,
y entre palmeras muy altas
sean un celaje sus manos;
pareja de blancas garzas
sobre el azul del océano.

Adiós «músico poeta»,
México llora cantando,
el cielo te abrió sus puertas
pues Dios te estaba esperando;
los astros están de fiesta
y ángeles blancos cantando.

Yo pido tu monumento
en oro sobre la Tierra,
y luego en el firmamento
tu nombre con las estrellas.

Capítulo XI

— Aquella Casita Blanca... —

La Casita Blanca; con este nombre bautizó Lara aquel regalo que le hizo el gobernador del Estado de Veracruz en reconocimiento a su obra.

En esta casa pasó Agustín Lara catorce años de su vida. El artista visitaba frecuentemente su zona de nacimiento, solía ir a Veracruz, a Tlacotalpán y al puerto, y se hospedaba en el Hotel Mocambo. Pero un día de 1953 el gobernador de Veracruz, Marco Antonio Muñoz Trumbull, decidió regalarle a Lara algo que sabía iba a hacerle muy feliz. Una casita frente al golfo de México, mirando hacia la isla de Sacrificios. Estaba en la a esquina de la avenida Ruiz Cortines y el bulevar Manuel Ávila Camacho. Y realmente fue el mejor regalo que el músico recibió a lo largo de toda su vida. Y el que más agradeció.

> «En la playa solitaria,
> en la costa en que nací,
> hay una casita blanca
> que parece de marfil.
> Casita blanca de mi niñez,
> donde las horas, donde las noches feliz pasé.
> Tiesto fragante lleno de luz,
> cómo me acuerdo de aquellas noches de Veracruz.»

Su pequeña gran historia

La Casita Blanca fue edificada hace más de cuarenta años; en principio fue propiedad, según el cronista Paco Píldora, del vicealmirante Álvaro Sandoval, en aquel momento director de la Escuela Naval, quien se la regaló a Marco Antonio Muñoz, gobernador del Estado, quien a su vez, posteriormente, se la cedió a Agustín Lara. Tras la muerte del genial compositor, en 1970, la casa permaneció abandonada durante casi veinte años, hasta que en 1989, por iniciativa del Instituto Veracruzano de Cultura y la Asociación Civil «Amigos de Lara», se procedió a su reconstrucción para ser convertida en la casa-museo del genial artista.

A partir de 1992, la Casita Blanca alberga una exposición permanente de fotografías de Lara que muestran a los visitantes la vida, las canciones, los intérpretes, las películas y, sobre todo, los detalles más humanos de la vida del Flaco de Oro, sus aficiones, sus gustos, muchos de sus recuerdos... Además, en esta Casa Blanca que años atrás fuera un centro de reunión de amigos del compositor, donde se daban cita los personajes más destacados de la bohemia y el arte mexicanos, se organizan con frecuencia muestras de diversas disciplinas artísticas, recitales poéticos y de música tradicional mexicana. En la actualidad, el Instituto Veracruzano de la Cultura es quien se ocupa de la custodia y mantenimiento del edificio y del museo.

Esa Casita Blanca fue un auténtico centro social de México durante aquellos años. Siempre estaba llena de amigos, y allí podía encontrarse cualquier día a Carlos López Turini, a Luisito Aguilar, a Francisco Javier Cos Muñoz, a Paco Píldora, a Bonoso Santiesteban, al «Negro» Tiburcio, al doctor Horacio Díaz Cházaro, a Popocha, al jugador de béisbol Beto Ávila, a Javier Malpica... Y allí estaban, tocando un día sí y otro también, organizando eso que hoy se llama «jam sessions» de forma ininterrumpida, gentes tan famosas como la Danzonera de los Chinos Ramírez, el Trío Azul, el Trío Veracruz o Los Tigres de la Costa. La Casita Blanca era, en suma, un centro de reunión artístico, bohemio y, sobre todo, divertido.

Allí vivió Lara con algunas de las mujeres de su vida; primero con Yiyí, y más tarde con Rocío Durán. Finalmente, a causa de circunstancias siempre unidas a sus escarceos amorosos, la casita cambió de dueño, y Rocío se convirtió en su propietaria, a causa de un arrebato de amor de Lara, que decidió regalársela como prueba de su cariño. Pero la vida cambia, el amor entre ambos se enfrió y Rocío, en venganza por las infidelidades del Flaco, vendió la casa en 1967.

Pero todo el mundo siguió considerando que la Casita Blanca, independientemente de cualquier otra cosa, seguía siendo, y lo sería siempre, de Agustín Lara. Y por eso el Gobierno mexicano, en 1990, la expropió y la convirtió en museo, el museo del Flaco de Oro.

Un paseo por la vida de Lara

Visitar hoy la Casita Blanca es como pasear junto a Agustín Lara por su inmensa y apasionante vida; todo son recuerdos, rincones, objetos que él amó. Allí están varios de los pianos que utilizó, sus trajes más humildes y sus trajes más lujosos; sus muebles, su dormitorio, sus objetos personales más entrañables, procedentes todos de sus más hermosos recuerdos y de sus más movidas aventuras. En las distintas zonas del museo se exhiben desde fotografías, cuadros y litografías de distintas etapas de su vida y de las personas que tuvieron algo que ver en ella, hasta estancias-réplica de lugares como su estudio de radio o un teatro de variedades y, por supuesto, esos pianos de los que a lo largo de su vida utilizó el genial músico. Hay también prendas de su nutridísimo vestuario, sus muebles, su dormitorio... Pero giremos una visita por la Casita Blanca.

«*Todo lo que soy proviene de Veracruz, hasta mi misma inconstancia. Mi veracruzanidad me sale por la piel, antes que yo lo diga; me escapa como nota antes que yo lo diga; me escapa como nota, antes que cuaje en palabra. Me salta en sentimiento, antes que en razón.*»

77

Esta frase, que resume lo que Lara quiso ser y fue, recibe al visitante para avisarle del sentido y el sentimiento de lo que va a ver. Al entrar en la casita , una sala de recepción acoge y da la bienvenida al visitante, poniendo ante él una serie de obras de arte entre las que destacan varias del famoso caricaturista Rafael Freyre, además de un óleo, «La magia de Lara», del pintor veracruzano Néstor Andrade; se exhiben también obras de Pedro Zubizarreta, D' Vargas, L. Amaguer y algunas fotos del maestro sentado ante su piano. En esa sala de recepción existe también una pequeña tienda donde se venden los discos y casetes con la música de Lara y los de sus mejores intérpretes.

Justo al lado hay un bar, decorado con fotografías de Lara y otras de varios de sus amigos. Y de ahí parte la escalera que da paso a la primera planta, dividida en ocho salas, que forman el auténtico museo del Flaco de Oro. Así son las ocho salas de la Casita Blanca:

—La primera estancia simula un teatro de revista donde se representa un espectáculo musical de los años 30, que marca el nacimiento artístico de Agustín Lara; junto a él, en este teatrito ficticio están otros grandes artistas, como Pedro Vargas, Juan Arvizu, Maruca Pérez, Ana María Fernández, el Trío Garnica o Lupe Vélez.

—Junto a ella está «El Salón de las Musas», en el que se muestran fotos de las mujeres más importantes en la vida del compositor, como su primera esposa, Esther Rivas Elorriaga (1917), Angelina Bruscheta Carral (1928), María Félix Gurreña (1945), Clara Martínez (1949), Yolanda Santacruz Gasca «Gigi» (1953) y Rocío Durán (1954).

—«Veracruz vibra en mí ser» es la siguiente sala, que reúne recuerdos de los grandes momentos del Flaco de Oro en Veracruz. Recuerdos de muchos de los amigos que se reunían en la casa, y recuerdos también de la coronación de los reyes del Carnaval de 1954.

—En la sala llamada «Tlacotalpán» se muestran numerosos recuerdos de los mejores momentos de Lara en su tierra natal: la casa donde nació, su partida de nacimiento, el parque en el que jugaba de niño, recuerdos infantiles...

—«La época de oro del cine nacional» es la sala que recoge los recuerdos de varios de los éxitos conseguidos por el Flaco de Oro en el cine, aquellas películas en las que la letra de las canciones era prácticamente su argumento.

—Poco más allá se encuentra la que fue la habitación privada del músico; un bonito y sencillo cuarto con hermosas vistas al mar. En esta habitación se exponen numerosos recuerdos personales de Lara, como varias fotografías familiares con sus padres y hermanos o las fotos de su primera comunión.

—Otra sala alberga su estudio de trabajo, y en ella están expuestas numerosas fotografías con importantes personalidades, tanto mexicanas como de otros países, entre ellas una foto con el general Franco. Hay también varias caricaturas realizadas por importantes dibujantes, como Carreño, Freyre, García Cabral, Abel Quezada o Vic, Cardozo.

—En otra estancia se construyó una réplica en tamaño reducido del estudio «Azul y Plata» de la XEW, el estudio desde el que Lara retransmitía su famoso programa de radio «La Hora Azul», que en sus primeros tiempos se llamó «La hora íntima de Agustín Lara».

—La última sala, sin duda la más triste, es la de la despedida, En ella se encuentra expuesta la partida de defunción del Flaco, las fotos de su entierro, el cortejo fúnebre... y además, como homenaje final, ocho geniales litografías del pintor puertorriqueño Antonio Martorell.

Por si usted, lector, tuviera la fortuna de visitar Veracruz y desease darse una vuelta por la Casita, aquí le ofrecemos unos datos útiles, actualizados en abril de 2003. La Casa-Museo de Agustín Lara, la Casita Blanca, está en el bulevar Adolfo Ruiz Cortines, s/n, en Boca del Río, Veracruz. Su horario actual es de 10 a 19:30 hrs. de martes a sábado y de 10:00 hrs. a 15:00 hrs. el domingo. El donativo para entrar es de $15.00 por persona, estudiantes, maestros e INSEN $ 7.50, y los niños menores de diez años no pagan.

ANEXO I

— AGUSTÍN LARA Y EL CINE:
TODAS LAS PELÍCULAS EN LAS QUE TUVO ALGO QUE VER —

AGUSTÍN Lara estuvo presente de una forma u otra, mientras vivió, en nada menos que ochenta y seis películas. A unas les puso la música, la banda sonora completa; en otras fue actor, y a las demás les aportó distintas canciones importantes. Algunas de aquellas películas no fueron precisamente de alta calidad, ya que se hacían en poco tiempo y con bajísimos presupuestos, y eran realizadas en ocasiones por directores de muy escasa enjundia. Pero otras, en cambio, fueron filmes de la talla de «Los Tres Caballeros» (Walt Disney) o de altísimo presupuesto, como «Pepe» (George Sidney) o «Escuela de Sirenas», también de este director.

Como podrá verse, en los años en que Lara aportó la mayor cantidad de canciones al cine el sistema de «bandas sonoras» no era el actual, ya que no se solía hacer una banda sonora específica para una película, sino que se incluían en ella canciones ya famosas, las que más a cuento venían con el argumento o más interesaba que interpretasen los actores. Por eso, veremos que varias canciones del Flaco, como *«Granada», «Madrid», «Solamente una vez», «Oración Caribe»* o tantas otras aparecen no en una, sino en varias películas, interpretadas por muy distintos artistas.

Como Lara componía y a veces estrenaba en la radio prácticamente una canción diaria (especialmente durante su etapa más prolífica, comprendida entre los años 1925 y 1935) y la industria dis-

81

cográfica no estaba apenas desarrollada, no «daba tiempo» literalmente a que esas canciones fueran conocidas por todos, por lo que nadie encontraba extraño incluir en una película como tema base una canción estrenada años antes... Aquella extraordinaria facilidad compositora de Lara hizo que la industria cinematográfica mexicana recurriera a él en infinidad de ocasiones, ya que los fabricantes de cine vieron un filón en esa enorme producción de música y letras, y convirtieron varias de las canciones de Lara en argumentos de películas completas o, en otros casos, basaron toda la película en una sola canción, aunque el argumento no coincidiera ni remotamente con lo que la letra decía.

Muchos de los filmes en los que Lara tuvo que ver pertenecían al género, entonces muy de moda, de «películas de cabaret», un ambiente que Lara conocía a la perfección. En varias de ellas el propio Lara interpretó a un pianista de cabaret. Esto decía el propio Flaco sobre aquel cine y aquel ambiente:

—Los músicos de los cabarets de mala muerte éramos unas noches los elegidos a los que se enviaban copas de champaña y otras éramos seres odiados, porque se suponía que estábamos en contacto carnal con las vedettes. Unas veces nos aplaudían y otras nos querían matar...

Como comprobaremos en las siguientes páginas, la mayor parte de las veces, en las películas, solía ocurrir lo segundo.

De todo hubo, pues. Éstos son esos ochenta y seis filmes que pasaron a la historia con el sello de Lara impreso de una u otra forma en su espíritu.

(Para facilitar al lector su localización, los títulos de las películas en las que El Flaco de Oro participó como actor o colaboró con su presencia física ante su piano o dirigiendo su orquesta de solistas, los distinguimos, en sus títulos, con letra cursiva, y resaltando en negrita el nombre de Agustín Lara.)

1930

DOCUMENTAL

No tiene título, o al menos no se conoce, el documental de Arcady Boytler que supuso la primera incursión de **Agustín Lara** en el cine. Una pequeña peliculita que hoy podríamos definir como un «video clip», ya que se limitaba a una actuación del músico, que definió así este primer trabajo:

«La primera película en la que aparecí fue un documental de unos quince minutos. Yo tocaba el piano y Toña «La Negra» cantaba. No recuerdo su título, y creo que se perdió....»

1931

«SANTA»

Al año a siguiente se realiza la segunda de las cuatro versiones de *«Santa»*, película nacida originalmente de una historia de Federico Gamboa y retomada y modificada luego por Lara en una canción. *«Santa»* llegó a tener cuatro versiones: la primera, muda, en 1918, más tarde ésta de 1931 y dos más en 1943 y 1968. En esta película, dirigida por Antonio Moreno y con Lupita Tovar, Carlos Orellana y Juan José Martínez Casado en los papeles principales, suenan varios temas de Agustín Lara, además, por supuesto, del que le daba título. El argumento de esta versión relata que esta canción, *«Santa»*, la compuso y cantó un ciego, Hipólito, enamorado de una desgraciada joven, Santa, empleada en un burdel. Como veremos a partir de ahora, entre los músicos ciegos y los cabarets y burdeles existía una extraña y permanente unión. La razón del porqué de tal cosa no está clara, pero esa extraña comunión entre ceguera, música y ambiente sórdido es tan evidente como sorprendente.

1936

«NOVILLERO»

Dirigida por Boris Maicon, con Lorenzo Garza, Lucha María Bautista y **Agustín Lara** en la cabecera del cartel, esta película obtuvo un éxito notable para la época. Filmada en color, era en cierta forma una pequeña revolución en el cine mexicano, y además Lara ya estaba en la cima cuando se rodó. En principio, El Flaco trató de dedicarle esta canción a un famoso torero, que rechazó el honor por la superstición habitual de los matadores ante el «mal fario», ya que en la letra creyó ver un pésimo augurio, el anuncio de una muerte prematura. Este filme fue, tras aquel documental hoy perdido de 1930, el primero en el que Lara intervino como actor.

«¡ESOS HOMBRES!»

Ese mismo año se filmó esta comedia de Rolando Aguilar, que contó con Adriana Lamar, Arturo de Córdova y Marina Tamayo como principales intérpretes. La canción clave de Lara en esta película fue *«Noche de Ronda»*, que como veremos sonaría en otros varios filmes en el futuro.

1937

«LA GRAN CRUZ»

Al año siguiente se estrenó *«La Gran Cruz»*, dirigida por Raphael J. Sevilla e interpretada por Joaquín Busquets, Elena D'Orgaz y René Cardona. La banda sonora incluía varias canciones de Lara.

«ADIÓS, NICANOR»

Ese mismo año se produjo el primer contacto cinematográfico entre Lara y Emilio «Indio» Fernández con esta película de Rafael E. Portas, protagonizada por el *Indio* además de por Carmen Molina y Ernesto Cortázar. La canción que dio título y argumento al filme era de Lara; se trataba de un melodrama ranchero que se desarrollaba en Querétaro, y que obtuvo un éxito considerable.

«NOCHES DE GLORIA»

También ese mismo año se estrenó esta película de Rolando Aguilar en la que intervenían Esperanza Iris, Alfredo del Diestro y Magda Haller. Varias canciones de Agustín Lara componían la banda sonora.

1938

«MÉXICO LINDO»

Dirigida por Ramón Pereda, la interpretaron el propio Pereda, Adriana Lamar y Antonio R. Frausto. La banda sonora incluía varias canciones del Flaco de Oro, pero sin duda la más importante fue *«El pregón de las flores»*, uno de los grandes éxitos del compositor en aquellos años.

«PADRE DE MÁS DE CUATRO»

Varias canciones de Lara ponían música a esta película de Roberto O'Quigley, que interpretaron Leopoldo Ortín, Sara García y Alfredo del Diestro.

«MIENTRAS MÉXICO DUERME»

Arturo de Córdova, Gloria Morel y Miguel Arenas protagonizaron esta película de Alejandro Galindo, cuya banda sonora también contó con varias canciones de Agustín Lara.

«EL EMBRUJO DEL TRÓPICO» («TROPIC HOLIDAY»)

La cuarta película en la que Lara estuvo implicado durante este año de 1938 fue esta *«Tropic Holiday»*, que dirigió en Hollywood Theodore Reed y que protagonizaron Tito Guizar, Dorothy Lamour y Ray Milland. Las canciones eran del Flaco.

1939

«MUJERES Y TOROS»

Juan José Segura dirigió al torero Juan Silvetti en esta película que también protagonizaron Marina Tamayo y Emilio Tuero. Lara aportó varias canciones al filme.

«CARNE DE CABARET»

Alfonso Patiño Gómez dirigió esta película en la que *«Rosa»* era uno de los temas principales. El cine «de cabaret» o «de cabareteras», moda emergente y que llegaría a alcanzar cotas asombrosas, cuadraba perfectamente, como veremos, con Lara y su carácter; El Flaco conocía perfectamente el ambiente de los cabarets, odiaba a las cabareteras pero al mismo tiempo las amaba y las admiraba, las compadecía ante una sociedad que las maltrataba hasta el extremo. En muchas películas de los años siguientes se apreciará claramente esta característica. Ésta la protagonizaron Sofía Álvarez, Miguel Arenas y Tony Díaz.

1941

«EL CAPITÁN CENTELLAS»

Ramón Pereda dirigió y protagonizó esta película aventurera en la que también participaron el famoso Armando Soto la Marina «El Chicote» y Antonio Bravo. Una de las canciones básicas del filme era *«El organillero»*.

«VIRGEN DE MEDIANOCHE»

También de 1941 fue esta película de Alejandro Galindo con Jorge Vélez, Manolita Saval y Gaby Macías en los principales papeles. La banda sonora estaba compuesta por varios temas de Lara.

1942

«LA RAZÓN DE LA CULPA»

Dirigida por Juan José Ortega, la interpretaron Blanca de Castejón, Andrés Soler y María Elena Marqués. El tema musical más importante de este filme fue *«Bendita palabra»*.

«EL CIRCO»

Una de las inconfundibles películas de Cantinflas dirigida por su inseparable Miguel M. Delgado, en la que también estuvieron Gloria Lynch y Eduardo Arozamena. Este filme incluía en su banda sonora una canción del Flaco de Oro.

«NOCHE DE RONDA»

Importante para Lara fue esta película de Ernesto Cortázar que protagonizaron Ramón Armengol, Susana Guízar y la cubana María Antonieta Pons. El tema del Flaco que le daba título sirvió también para crear el argumento, y varios temas del compositor formaron la banda sonora, consiguiendo todos ellos hacerse cumplidamente populares: *«Noche de Ronda»*, *«Pervertida»*, *«Aventurera»* o *«Señora tentación»* son un ejemplo. Esta película resulta un perfecto ejemplo de lo que antes comentábamos, de uno de esos casos en los que el cine se basó en una canción de Lara para crear un argumento, y como la canción no daba para tanto, en torno a ella se fabricó una historia, triste y a la vez esperanzada. La canción simplemente contaba cómo la ronda, al pasar bajo el balcón del ser amado, le dice cuánto daño le está haciendo; en la película, esos versos se convierten en la historia de un compositor que tocaba el piano en un humilde café y que se enamora de una camarera coja, que finalmente recupera su capacidad para andar bien...

«MELODÍAS DE AMÉRICA»

Esta película de Eduardo Morera, rodada en Argentina, contó con José Mojica, Silvana Roth y Armando Bó en los principales papeles, y con varias canciones de Agustín Lara en su banda sonora.

1943

«SANTA»

Tercera versión de esta película, que en esta ocasión fue dirigida por Norman Foster y tenía a Esther Fernández, José Cibrián y Ricardo Montalbán. De nuevo *«Santa»* era la canción base de la banda sonora.

«DE NUEVA YORK A HUIPANGUILLO»

Dirigida por Manuel Ojeda, la protagonizaron Sidney Franklin, Margarita Mora y Mario Martínez Gil. *«El cantar del regimiento»* estaba entre las canciones de la banda sonora.

«DISTINTO AMANECER»

Otra de las canciones de Lara que sirvieron para crear una película sobre su argumento fue *«Cada noche un amor»*, aunque esta vez el director, el guionista y el productor decidieron cambiar el título del filme, ya que no cuadraba demasiado con la historia que se había construido en torno al texto de la canción. Así pues, se llamó *«Distinto amanecer»*, y contaba la historia de tres amigos que siguen caminos diferentes. Fue considerada un buen ejemplo de cine intelectual de calidad, poco habitual en la época. Julio Bracho dirigió en esta ocasión a Pedro Armendáriz, Alberto Galán y Andrea Palma. Lógicamente, la canción base de película fue *«Cada noche un amor»*.

1944

«AMOK»

Primera película en la que coincidieron Agustín Lara y la que años después sería su esposa, María Félix. La dirigió Antonio Momplet y además de «La Doña» la protagonizaron Julián Soler y Stella Inda. Toda la banda sonora era de Lara.

«LOS TRES CABALLEROS» («THE THREE CABALLEROS»)

Quizá la película más importante en la que colaboró Lara en toda su carrera, simplemente por la enorme repercusión universal que esta superproducción de Walt Disney obtuvo. Carmen Miranda, participante en una de las secuencias en las que se mezclan dibujos animados con personajes reales, fue una de las escasas personas reales que aparecieron en el filme. Dora Luz interpretaba en esta película la legendaria *«Solamente una vez»*, canción que ya era famosa, pero que gracias a este filme alcanzó su definitiva repercusión mundial.

«ESCUELA DE SIRENAS» («BATHING BEAUTY»)

Tras participar con su música en la gran producción de Disney, Lara tomó parte aquel mismo año de 1944 en otra gran película de Hollywood, *«Escuela de sirenas»*, en la que George Sidney dirigió a la sin par Esther Williams, acompañada por Red Skelton y Basil Rathbone. En esta película el tenor Carlos Ramírez hacía una excelente interpretación de *«Granada»*, sin duda el mejor tema de la banda sonora.

1945

«PALABRAS DE MUJER»

En 1945 Lara participó en tres películas, la primera de las cuales fue *«Palabras de mujer»*, uno más de los filmes construidos en torno a una canción suya. En ésta se cuenta cómo un músico se casa con una mujer a la que no ama, solamente para hacer feliz a su madre; pero está enamorado de otra, que se cruza constantemente en su vida, haciéndosela bastante amarga. Decide abandonar a su esposa, pero cuando va a hacerlo se entera de que está embarazada y se arrepiente de su decisión.

Curiosamente, se «convenció» a Lara de que cambiara un verso de la canción, ya que se pensaba que ésta tenía un tono blasfemo. El verso original decía: *«Aunque no quiera yo, / ni siquiera tú / ni si-*

quiera Dios...» A muchos les pareció que pasar por encima de lo que Dios quisiera podría parecer una blasfemia a parte del público, por lo que finalmente el verso se quedó así: *«Aunque no quiera yo / ni siquiera tú.../ lo quiere Dios.»* Y con este cambio, el asunto quedó zanjado.

Dirigida por José Díaz Morales, tuvo a Ramón Armengod, Virginia Serret y José Luis Jiménez en los papeles principales. La canción principal de esta película fue, naturalmente, la que le dio título.

«EL HIJO DESOBEDIENTE»

Una comedia en la que participaron tres populares actores mexicanos: Germán Valdés «Tin Tan»; Marcelo Chávez «Marcelo», y Cuca Escobar «Cuca la Telefonista». La dirigió Humberto Gómez Landero. En la banda sonora se incluyeron varias canciones famosas del Flaco de Oro.

«PERVERTIDA»

Esta vez fueron Emilia Guiú, Ramón Armengol y José Luis Jiménez quienes estuvieron a las órdenes de José Díaz Morales para dar forma a otra de las películas «de cabaret» en las que tanto le gustaba participar a Lara. Ésta fue otra de las películas que nacieron de una canción del Flaco de Oro; lógicamente, la que le dio título. Contaba la historia de dos jóvenes que se ven obligados a abandonar su pueblo en Veracruz y a seguir caminos separados. Ella se ve abocada a dedicarse a la prostitución. Años más tarde ambos, que aún se aman, se encuentran en el cabaret donde ella trabajaba. La joven ya estaba «pervertida», pero el amor lo puede todo y aún no era tarde para recobrar ambos la felicidad.

1946

«LA DEVORADORA»

El año 1946 fue en el que Agustín Lara más trabajó para (o con) el cine. Cinco películas de aquel año llevan su nombre en los créditos con una u otra función bien cumplida. *«La Devoradora»* fue la primera de esas cinco películas; la dirigió Fernando de Fuentes, y la protagonizó «La Doña», es decir, María Félix; era la segunda vez que María y Lara coincidían en un trabajo cinematográfico. El reparto lo encabezaban, tras María, Luis Aldás y Julio Villarreal. Toda la banda sonora era de Lara.

«HUMO EN LOS OJOS»

Otra de las películas que nacieron en torno a una canción de Lara. El director, Alberto Gout, no consiguió hacer una historia demasiado creíble basándose simplemente en el texto de la canción, por lo que construyó una historia dramática que poco tenía que ver con lo relatado en el texto original. Gout contó aquí cómo en un pueblo todos los hombres creían que una bailarina de cabaret era una mujer «maldita», culpándola del hundimiento de una barca y de la muerte de sus tripulantes. Deciden lincharla y la atacan a tiros y a cuchilladas (una historia bastante salvaje, por cierto, ésta que ideó Gout); cuando la joven está a punto de morir a manos de una encolerizada mujer, ésta descubre que la chica es en realidad su hija... La película la interpretaron María Luisa Zea, David Silva y Mercedes Barba. La banda sonora incluyó tres famosas canciones del Flaco: *«Humo en los ojos»*, *«Palmera»* y *«Veracruz.»*

«LÁGRIMAS DE SANGRE»

Sofía Álvarez, Bernardo Sancristóbal y Patricia Morán protagonizaron esta película dirigida por Joaquín Pardavé, y cuya banda sonora en su totalidad pertenecía a Agustín Lara.

«CARITA DE CIELO»

Tres popularísimos actores protagonizaron este filme dirigido por José Díaz Morales: María Elena Marqués, Antonio Badú y Fernando Soto. Entre las canciones que incluía estaba la que le daba título al filme. Como las demás, era obra de Agustín Lara, y una más de las canciones del Flaco que se convertían en película, con un curioso argumento: una joven busca a unos malhechores, aun a riesgo de parecer también ella una mujer malvada. Un doctor, que en principio la ve como un auténtico monstruo, acaba convencido de que la joven es en realidad una justiciera y que tiene sus razones para obrar como lo hace, y acaba casándose con ella, mientras ésta, además, consigue encontrar a los canallas a los que estaba buscando. Sorprende ver cómo de unos pocos versos de una canción del Flaco conseguían los guionistas construir argumentos tan enrevesados...

«MUJER»

La quinta película en la que Lara participó durante 1946 fue «Mujer», y también ésta nació de una de sus canciones. En esta ocasión se cuenta cómo un músico se enamora de una joven y le compone una canción: *«Mujer»*. El músico, como solía ocurrir en este tipo de películas, se quedaba ciego (el gran periodista Paco I. Taibo decía que «los pianistas del cine mexicano parecían sufrir una curiosa maldición que permanentemente les amenazaba: la ceguera»). La joven acaba matando al malo de la película y liberando al pobre y desgraciado pianista, que había ido a dar con sus huesos en la cárcel, terminando la historia felizmente y con los dos enamorados. Este filme lo realizó Chano Urueta con Esther Fernández, Agustín Hirsuta y Domingo Soler en los principales papeles.

1947

«LA DIOSA ARRODILLADA»

Roberto Gavaldón fue el director de esta película que interpretaron en los papeles principales María Félix, Arturo de Córdova y Rosario Granados. *«Revancha»* fue una de las canciones incluidas en esta película que mayor popularidad lograron.

«PECADORA»

Otra de las películas «cabareteras» de Lara, nacida del argumento y el sentido de una de sus canciones. La protagonizaron Ramón Armengol, Emilia Guiú y Ninón Sevilla, y fue dirigida por José Díaz Morales. Entre las canciones que incluía cabe destacar *«Pecadora»*, la archifamosa *«María Bonita»* (que Lara escribió para María Félix), *«Te quiero»* y *«Tus pupilas»*. De nuevo, como casi siempre, la historia original de la canción poco o nada tenía que ver con el argumento creado en torno a ella; se fabricó un melodrama con todos los ingredientes al gusto de la época: la muchacha que viene de estudiar en Estados Unidos se ve inmersa en un mare mágnum de maldades y bondades en el que participan un millonario, un cura, un chulo y un traficante de drogas; como puede verse, todo un arco iris de personajes variopintos. Hay amor, muerte, tiros y buenas acciones, odios y reconciliaciones... De nuevo hay que decir que resulta sorprendente la habilidad de los guionistas de la época para sacar de una canción de Agustín Lara semejantes argumentos. Pero daba resultado.

«SEÑORA TENTACIÓN»

El año 1947 fue bueno para las canciones de Lara convertidas en películas, ya que la siguiente en la que participó también nació de uno de sus argumentos. En torno a *«Señora tentación»* se construyó un melodrama lacrimógeno en el que, en esta ocasión, el ciego no era el pianista, sino una pobre joven que tenía dinero ahorrado para operarse los ojos y que decide, en vez de invertirlo en recuperar su vista, gastárselo en publicar la obra de su amado, un pianista miserable que le paga el favor marchándose con una cantante. Pero he aquí que el destino hace que otra persona, indignada con lo sucedido, consiga recuperar el dinero y devolvérselo a la joven, que se opera, recobra la vista y, además, se convierte en una gran pianista. Todo acaba bien, con la muerte de los malvados y una relativa paz para la desventurada ex ciega (de nuevo, piano y ceguera van unidos, como puede verse). Fue José Díaz Morales quien dirigió una película en la que Lara tenía mucho que ver; en este melodrama que protagonizaron Susana Guízar, David Silva y Ninón Sevilla se incluyeron dos canciones muy especiales: la primera fue la que daba título al disco, y la segunda, «*Solamente una vez.*»

«CORTESANA»

Alberto Gout dirigió esta película cuyo reparto encabezaban la preciosa cubanita Mercedes Barba, Gustavo Rojo y Rubén Rojo. Incluía varias canciones de Agustín Lara.

1948

«*REVANCHA*»

Otra película nacida de una canción del Flaco de Oro. También de Alberto Gout, este filme tenía a **Agustín Lara** como uno de sus intérpretes principales, acompañado por Ninon Sevilla y David Silva. Aquí Lara interpretaba a un bondadoso pianista llamado Agustín, que, aunque en esta ocasión se libró de ser ciego, acabó muriendo a tiros mientras estaba tocando el piano… Hay chantajes, personajes malvados y miserables, y el final un acto de bondad del pianista, que da su vida, enamorado en silencio, para salvar al padre de su amada. Entre las canciones que incluía había varios temas importantes del «Flaco», como *«Oración Caribe»*, *«Rosa»*, *«Farolito»*, *«Rival»*, *«Imposible, «Mía no más»* y, por supuesto, la que daba título a la película.

1949

«COQUETA»

Fue Fernando A. Rivero quien en esta ocasión corrió con la dirección, mientras el cartel estaba encabezado por Ninón Sevilla, Víctor Junco, y de nuevo **Agustín Lara** en uno de los papeles protagonistas. Esta fue la primera gran incursión del Flaco en lo que se llamó «el cine de cabaret» o «de cabareteras», una moda que instauró el «Indio» Fernández y que a Lara le venía muy bien, ya que conocía como nadie el ambiente casi siempre sórdido y melancólico de los teóricamente alegres cabarets de la época. En este filme Lara interpretaba a un músico ciego, Rubén, protector de una pobre huérfana (Ninón), que acaba convertido en un alcohólico y de paso en un asesino, ya que mata a su amada a tiros a causa de los celos. Uno de esos dramas que tanto gustaban a los consumidores de tangos y boleros tristes. La entrada de Lara en el cine de cabareteras fue, por tanto, realmente espectacular: un dramón impresionante.

«MUJERES EN MI VIDA»

Otra vez Fernando A. Rivero corrió con la dirección y de nuevo **Lara** tuvo aquí un papel protagonista. Acompañado en el cartel por Emilia Guiú y Rubén Rojo, El Flaco interpreta en esta película el papel de un compositor de canciones llamado Armando Luján. Las canciones, naturalmente, eran de Lara.

Una vieja foto de Lara en su juventud.

Con Rocío Durán, tras su boda en Madrid.

Lara, con su esposa Rocío Durán.

Con su gran amigo Perico Chicote y un par de sombreros charros.

Agustín Lara con el periodista español Germán Hebrero San Martín.

Su boda con Rocío Durán, el 28 de junio de 1964, en Madrid. A la izquierda, Perico Chicote, padrino de la boda.

El Flaco, con El Cordobés y Rosa Morena.

Lara, ante su piano, en los años 50.

«PERDIDA»

Tercera película que Fernando A. Rivero dirigió en 1949 con **Agustín Lara** como uno de los protagonistas. Esta vez El Flaco de Oro se interpretaba a sí mismo en otra película «de cabareteras»; hacía de Agustín Lara en este melodrama en el que él recogía de la calle a una mujer descarriada que acababa muriendo en sus brazos. La cabecera del cartel la compartió con la ardiente cubanita Ninón Sevilla y con Domingo Soler. Entre las canciones importantes de la banda sonora estaban *«Talismán»* y *«Oración caribe»*.

«AVENTURERA»

Alberto Gout dirigió esta película en la que Ninón Sevilla, Tito Junto y Andrea Palma eran los protagonistas principales. La canción que dio título a la película fue además su tema principal, ya que éste fue uno más de los filmes «cabareteros» creados en torno a una canción del Flaco de Oro. La cubanita Ninón Sevilla interpretaba esta vez a una pobre cabaretera sola en el mundo, drogada y prostituida, cuyo padre se ha suicidado porque su madre la abandonó para escaparse con un canalla. Historia alegre, como puede verse, que sin embargo acaba bien, al librarse la joven de ser asesinada por un tullido y encontrar por fin el amor junto a un hombre que le permite volver a llevar una vida honrada y feliz.

1950

«LA MUJER QUE YO AMÉ»

Tito Davison dirigió esta película en la que, de nuevo, **Agustín Lara** se interpretaba a sí mismo. Toña «La Negra» y Elsa Aguirre compartían la cabecera del cartel con el compositor. Película «cabaretera» en la que, entre otras cosas, se recordaba el episodio de la vida de Lara en el que éste resultó con la cara marcada de por vida por una prostituta celosa en un cabaret. Entre las canciones que incluía la banda sonora estaban *«Oración Caribe»*, *«Mujer»*, *«Por qué negarlo»*, *«Te vendes»*, *«A solas tú y yo»*, *«El cielo, el mar y tú»* y *«Si fueras una cualquiera»*.

«VÍCTIMAS DEL PECADO»

Esta película, una más de la serie de filmes «cabareteros» nacidos de canciones del Flaco de Oro, surgió de la canción *«Pecadora»*, pero el productor decidió no utilizar ese mismo título y lo cambió por el de *«Víctimas del pecado»*. Emilio «Indio» Fernández fue quien dirigió este filme que protagonizaron Ninón Sevilla, Tito Junco y Rodolfo Acosta. Entre otras canciones de Lara, aquí estaba lógicamente *«Pecadora»*, convertida en la historia de una cabaretera que tiraba a la basura a su hijo recién nacido, quien era salvado y recogido por otra cabaretera (Ninón), a quien su buena acción le costaría perder su trabajo y tener que dedicarse a la prostitución. Además, y por si fuera poco, se ve obligada más tarde a matar a un miserable para proteger al niño, con lo que acaba en la cárcel. Finalmente, será perdonada y podrá por fin irse a vivir con su hijo adoptivo.

«EL PECADO DE SER POBRE»

Ramón Armengol, Guillermina Grin y Tito Junco protagonizaron esta película dirigida por Fernando A. Rivero, en la que lo mejor fue, sin duda, una de las canciones que en ella se interpretaban: *«Solamente una vez»*.

«BURLADA»

Melodrama lacrimógeno dirigido esta vez por Fernando A. Rivero, con Jorge Mistral, Guillermina Grin y Lilia del Valle en los papeles principales. Entre las canciones, la más sonada fue *«Te quiero»*.

1951

«LA NOCHE ES NUESTRA»

Mismo director y mismo protagonista, es decir, Fernando Rivero y Jorge Mistral, en una película que se hizo prácticamente a la vez que la anterior. En este caso completaban la cabecera del cartel Emilia Guiú y Ramón Gay. La canción de Lara fue *«Piénsalo bien»*.

«POR QUÉ PECA LA MUJER»

René Cardona dirigió esta película que protagonizaron Leticia Palma, Abel Salazar y Luis Aguilar. *«Azul»*, *«Mujer»*, *«Noche de ronda»*, *«Imposible»*, *«Siempre te vas»*, *«Mi rival»* y *«Te quiero»* fueron las canciones del Flaco que se interpretaron en este filme.

«MUJER SACRIFICADA»

Dirigida por Alberto Gout, fueron Ninón Sevilla, Roberto Cañedo y Víctor Junco los principales intérpretes de esta película en la que se incluyeron canciones como *«Mírame»* o *«Noche de ronda»*.

«MI CAMPEÓN»

Niní Marshall «Catita», Joaquín Pardavé y Fernando Fernández protagonizaron esta película de Chano Urueta en la que se incluyó la canción *«Amor de mis amores»*.

1952

«VÍCTIMAS DEL DIVORCIO»

Una película más de Fernando A. Rivero, con Esther Fernández, Luis Aguilar y Ramón Armengol. Entre las canciones que suenan están *«Oración Caribe»*, *«Tus pupilas»* y *«Palabras de mujer»*.

«ANSIEDAD»

Película de Miguel Zacarías con Libertad Lamarque, Pedro Infante e Irma Dorantes. Entre sus canciones, *«Farolito»* y *«Mujer»*.

1953

«ROMANCE DE FIERAS»

Martha Roth, Armando Calvo y Joaquín Cordero fueron quienes protagonizaron esta película de Ismael Rodríguez, en la que se incluyeron varias canciones de Agustín Lara.

«LA PERVERSA»

Dirigida por Chano Urueta fueron Elsa Aguirre, Alma Rosa Aguirre y César del Campo quienes encabezaron el reparto. Entre las canciones estaba *«Te quiero»*.

«SOLAMENTE UNA VEZ»

De una de las más famosas canciones de Lara tenía que nacer, lógicamente, una película, y nació esta historia de un amor que es mantenido contra viento y marea por sus protagonistas, que han de salvar toda clase de dificultades. La dirigió Carlos Véjar y la protagonizaron Ramon Armengol, Emilia Guiú y José Baviera.

«CANTANDO NACE EL AMOR»

Dirigida por Miguel M. Delgado, fueron Elsa Aguirre, Raúl Martínez y Andrés Soler sus protagonistas. Entre las canciones que se incluyeron en este filme estuvieron *«Noche de ronda»* y *«Granada»*.

«¿POR QUÉ YA NO ME QUIERES?»

Dirigida por Chano Urueta, tuvo a Sara Montiel y a Raúl Martínez en los papeles protagonistas, además de a **Agustín Lara** interpretándose de nuevo a sí mismo. Muchas canciones del gran compositor se incluyeron en esta película: *«Te vendes»*, *«Cada noche un amor»*, *«Madrid»*, *«El coquero»*, *«Cuerdas de mi guitarra»*, *«Ven acá»*, *«Rosa»* y *«¿Por qué ya no me quieres?»*.

«LA DUDA»

Alejandro Galindo dirigió a Rosita Quintana, Víctor Parra y Francisco Petrone. La canción de Lara en esta película fue *«Margot»*.

1955

«ESCUELA DE MÚSICA»

De nuevo Libertad Lamarque con Pedro Infante, acompañados esta vez por Luis Aldás y dirigidos por Miguel Zacarías. Dos canciones de Lara en el filme: *«Lamento jarocho»* y *«La cumbancha»*.

«AMOR Y PECADO»

Dirigida por Alfredo B. Crevenna, fueron Ninón Sevilla, Ramón Gay y Octavio Arias sus principales intérpretes. La canción de Lara en este filme fue «Rival».

«LOS TRES AMORES DE LOLA»

René Cardona dirigió en esta ocasión a Lola Flores, Joaquín Cordero y el propio **Agustín Lara**, quien de nuevo se interpreta a sí mismo, esta vez haciendo que Lola debute en su programa de televisión. Entre las canciones de la película, tres importantes temas del Flaco de Oro: *«Granada»*, *«Tus ojos»* y *«María bonita»*.

«LA VIRTUD DESNUDA»

La dirigió José Díaz Morales y la interpretaron Columba Domínguez, Joaquín Pardavé y Víctor Junco. Lara interviene en la película tocando un «medley» de algunas de sus canciones más famosas.

«LA FARAONA»

Otra película de Lola Flores en la que Agustín Lara se interpreta a sí mismo. Era la época en que el compositor mexicano había alcanzado su máxima popularidad en España; el público pedía sus películas, y si eran con una famosa española como partenaire, mejor. Ésta la dirigió René Cardona, y entre las canciones que se incluyeron estuvieron «La Faraona», «Madrid» y «Cada noche un amor». La canción que dio título a este filme la compuso Lara en homenaje a Lola Flores, y de ella nació esta historia en la que el músico ayuda a su amiga y admirada a Lola a buscar a una niña perdida.

«ESPOSAS INFIELES»

Dirigida por José Díaz Morales, la protagonizaron Columba Domínguez, Lilia del Valle y Enriqueta Jiménez «La Chula Prieto». Entre las canciones incluidas en este filme estaban «Rival», «Pervertida» y «Señora tentación».

1956

«BESOS PROHIBIDOS»

La dirigió Rafael Baledón y la protagonizaron Ana Luisa Peluffo, Luis Aguilar y Armando Calvo. Se incluyeron en la película las canciones de Agustín Lara «*¿Por qué ya no me quieres?*, «*Mi novia es la tristeza*», «*Oración Caribe*» y «*Arroyito*».

«*LOS TRES BOHEMIOS*»

De nuevo **Agustín Lara** hace el papel de sí mismo en esta película dirigida por Miguel Morayta y en la que le acompañaron en el cartel Pedro Vargas y Luis Aguilar. Dos canciones, «*Te quiero*» y «*Ayer*», fueron las que aportó El Flaco a esta película.

«MÚSICA DE SIEMPRE»

Tito Davison dirigió esta vez a Óscar Pulido, Joaquín Cordero y Manuel «Loco» Valdés. La canción de Lara que sonó en esta película fue «*Granada*».

«LOCOS POR LA TELEVISIÓN»

Tito Guízar, Eduardo Noriega y Rebeca Iturbide protagonizaron esta comedia dirigida por Rafael Portillo, en la que la canción de Lara que se interpretó fue «*Caritativamente*».

«*EL TEATRO DEL CRIMEN*»

María Antonieta Pons, César del Campo y Manuel Medel fueron los intérpretes de esta película dirigida por Fernando Cortés en la que **Agustín Lara** aparece interpretando algunas piezas al piano.

«*LOS CHIFLADOS DEL ROCK AND ROLL*»

De nuevo **Agustín Lara** interpretaba el papel de sí mismo en esta película, que fue en realidad una continuación de «*Los tres bohe-*

mios», pero dirigida esta vez por José Díaz Morales y que también protagonizaban Pedro Vargas y Luis Aguilar. Entre las canciones incluidas en el filme estuvo *«Flor de Lis»*.

«UN MUNDO NUEVO»

René Cardona dirigió en esta ocasión a José Cardona Jr., a Lorena Velázquez y a Arturo Arias en esta película, que entre sus canciones incluía *«Lorena»*.

«MUJER EN CONDOMINIO»

Otra película en la que **Lara** hace de Agustín. Ésta la dirigió Rogelio A. González y fueron Mary Esquivel y Carlos López Moctezuma quienes acompañaron a Lara en la cabecera del reparto. Entre las canciones que esta película incluía estaban *«Compás de espera»*, *«Arroyito»* y *«Si supieras»*.

«TROPICANA»

La dirigió Juan José Ortega y fueron sus principales intérpretes Evangelina Elizondo, Ana Bertha Lepe y Abel Salazar. **Agustín Lara** hace una breve aparición interpretando al piano *«Señora tentación»*.

1957

«MIS PADRES SE DIVORCIAN»

Si 1956 fue el gran año de **Agustín Lara** en el cine, en 1957, en cambio, sólo participó en una película, ésta dirigida por Julián Soler e interpretada por Libertad Lamarque, Arturo de Córdova y Martha Mijares. Lara aparece interpretando al piano y además cantando *«Amor de mis amores»*.

1958

«UNA CANCIÓN PARA RECORDAR»

Al año siguiente, en cambio, Lara volvió a estar presente en media docena de películas, la primera de las cuales fue ésta, dirigida por Julio Bracho y protagonizada por Ana Bertha Lepe, Evangelina Elizondo y Carlos Cores. La canción que esta vez se incluyó fue el archifamoso chotis *«Madrid»*.

«BOLERO INMORTAL»

La dirigió Rafael Portillo y la protagonizaron Ramón Gay, Elvira Quintana y Rodolfo Landa. **Agustín Lara** volvió a participar, esta vez dirigiendo su orquesta de solistas. Las canciones que en esta ocasión se escucharon fueron *«Palmera»* y *«Por el triste camino»*.

«NACIDA PARA AMAR»

La dirigió Rogelio A. González y fueron Ana Luisa Peluffo, Wolf Ruvinskis y Aldo Monti sus principales intérpretes. La canción que esta vez aportó El Flaco fue *«Nacida para amar»*.

«MI MUJER NECESITA MARIDO»

En esta película Rosa Carmina, Celia D'Alarcón y Flor Silvestre fueron dirigidas por Rolando Aguilar, y **Agustín Lara** volvió a hacer su aparición ante su piano. La canción que se incluyó fue «*Enamorada*».

«*LA VIDA DE AGUSTÍN LARA*»

Película biográfica dirigida por Alejandro Galindo, en la que el papel de **Agustín Lara**, sorprendentemente, no lo interpreta él mismo, sino Germán Robles. Junto a él estaban en la cabecera del reparto Lorena Velázquez, Ofelia Montesco y Tito Junco. Otros personajes importantes en la vida del Flaco de Oro, como Emilio Azcárraga o María Félix, fueron interpretados por Miguel Ángel Férriz y Lorena Velázquez. El propio **Agustín Lara** interviene en la película, pero en secuencias de flashback. Lógicamente, este filme incluyó numerosas canciones famosas del compositor, como «*Pervertida*», «*Imposible*», «*Farolito*», «*Santa*», «*Escarcha*», «*Señora Tentación*», «*Noche de ronda*», «*Marimba*», «*Aventurera*», «*Noche criolla*», «*Rosa*», «*Mujer*», «*Cautiva*», «*Madrid*», «*Palabras de mujer*», «*María bonita*», «*Rival*», «*Hastío*» y «*Solamente una vez*».

«*LA ESTRELLA VACÍA*»

María Félix, Tito Junco y Carlos López Moctezuma protagonizaron esta película dirigida por Emilio Gómez Muriel, en la que se incluyeron «*María Bonita*» y «*Cada noche un amor*».

1960

«PEPE»

George Sidney dirigió en Hollywood esta película que fue en realidad un gran homenaje a Mario Moreno, *Cantinflas*, y en la que participó un buen montón de estrellas del cine norteamericano haciendo brevísimos «cameos». **Lara** aportó una canción: «*Concha nácar*».

«EL PECADO DE UNA MADRE»

Alfonso Corona Blake dirigió en este filme a Libertad Lamarque, Dolores del Río y Pedro Geraldo. La canción que esta vez sonó fue *«Granada»*.

1962

«MI VIDA ES UNA CANCIÓN»

Película de Miguel M. Delgado protagonizada por el estrella del rock and roll mexicano Enrique Guzmán, al que acompañaron en los papeles principales Angélica María y Begoña Palacios. De nuevo fue *«Granada»* la canción de Lara incluida en la banda sonora.

«CRI CRI, EL GRILLITO CANTOR»

Película de Tito Davison con Ignacio López Tarso, Marga López y Lupita Vidal «Pelusa» en los papeles protagonistas. Un hombre que aparece de espaldas es, al parecer, Agustín Lara en su más pintoresca colaboración con el cine. Suenan fragmentos de algunas piezas del Flaco de Oro

«LA VIDA DE PEDRO INFANTE»

Dirigida por Miguel Zacarías, encabezaron el cartel José Infante Cruz, Maricruz Oliver y Lilia Prado. Como en la película anterior, en la nutrida banda sonora se incluyeron varias piezas o fragmentos de canciones de Lara.

1965

«LOS QUE NUNCA AMARON»

Esta película, rodada en Puerto Rico, la dirigió José Díaz Morales y la protagonizaron Ana Luisa Peluffo, Javier Solís y Guillermo Murray. Incluyó varias canciones de Agustín Lara.

1968

«SANTA»

Emilio Gómez Muriel dirigió esta vez a Julissa, Julián Pastor y Enrique Rocha. La canción que se incluyó en esta película fue «*Santa*».

Esta fue la última película en la que, aún en vida, Agustín Lara participó de una u otra manera. Tras su muerte en 1970, y hasta el día de hoy, en otra ingente cantidad de filmes se han incluido canciones suyas, como se seguirán incluyendo, probablemente, mientras existan el cine y la música. En todo caso, mientras vivió, Lara participó en ochenta y seis películas, bien como actor (casi siempre interpretándose a sí mismo), bien como autor de la banda sonora o bien con la aportación de alguna de sus grandes canciones al repertorio incluido en el filme.

Algunas anécdotas de Lara y el cine

Decíamos antes que el cine mexicano de aquellos años y los pianistas ciegos tenían un curioso nexo de unión, al menos en lo que a las películas en las que Lara participó de una u otra forma se refiere; y ello, al parecer, se debió a la extraña fascinación que El Flaco experimentaba por la ceguera, que según él permitía al compositor tener más sensibilidad, más capacidad de percepción, que cualquier otra persona con el sentido de la vista en plenas facultades. A Lara le gustaban especialmente aquellos personajes de pianistas ciegos, y su esposa, Angelina Bruschetta, explicó una vez el porqué de esta extraña fijación de su marido: contó Angelina que ella estaba junto a Lara cuando éste compuso la canción «*Santa*», la primera en la que El Flaco interpretó uno de estos papeles, el del compositor y pianista ciego Hipólito, enamorado de la protagonista, una pobre muchacha obligada a trabajar en un burdel. Lara compuso la canción con los ojos cerrados, como si fuera ciego en realidad. Y le dijo a su esposa que «acababa de descubrir que un ciego puede percibir más y tener mayor sensibilidad que un vidente...». De hecho, a partir de entonces, Lara compuso algunas canciones más de esa forma, con los ojos cerrados, todas aquellas en las que en la ficción cinematográfica eran obra de artistas ciegos...

Lara interpretó varias veces papeles en los que encarnaba a músicos ciegos; lo hizo en esa segunda versión de «*Santa*» que mencionamos, del año 1942, y lo haría después en la película «*Coqueta*», en 1949. Y también en el teatro interpretó ese personaje cuando en 1947 volvió a retomar el personaje de Hipólito en una obra llamada «*Hipólito el de Santa*», escrita especialmente para «alargar» el éxito de la película. El teatro Fábregas le tuvo, pues, como actor.

Una de las peores experiencias de Lara como músico para el cine la sufrió con la película «*Amok*», que en 1944 dirigió Antonio Momplet con María Félix como protagonista. En esta película Lara era el autor de la música de fondo, además de aportar varias canciones. Pero fue esa música de fondo la que le causó problemas, porque al director no le gustó en absoluto, hasta el punto que se produjo un grave enfrentamiento entre Momplet y Lara. El primero decía, no sin razón, que la música que había compuesto El Flaco no tenía nada que ver con el dramatismo de las imágenes, que quedaba aplastado, destrozado por la música, una música que para él era «plana y sin vida». Se negó en redondo a incluirla, y los productores se encontraron ante un serio problema. Lo resolvieron de una manera no muy afortunada, ya que decidieron grabar a toda prisa, en un fin de semana, la música, aprovechando que el director estaba de viaje, e incluirla en la película de cualquier manera. El resultado fue penoso, porque «Amok», finalmente, tuvo una mala música de fondo que la deslució de forma notable. Momplet y Lara no volvieron a trabajar jamás juntos. Y Lara, de paso, decidió que, aunque le gustaba la idea, lo suyo no era crear música de fondo para las películas, sino simplemente canciones. Y no volvió a cometer el mismo error.

Cuando en 1932 Lara acababa de empezar su trabajo en el cine, y ya había compuesto su primer canción para una película, «Santa», vio un día la película «Shangai Express», y quedó absolutamente impresionado por la belleza y el carisma de su protagonista, Marlene Dietrich. Decidió hacer una canción para ella, con la intención de que alguna vez la cantase. La canción se llamó «Lirio de Shangai», pero nadie sabe si Marlene, alguna vez, llegó a cantarla.

ANEXO II

— Su música, sus canciones, su herencia... —

S E habla de cuatrocientas, de seiscientas, de setecientas y hasta de casi un millar... pero lo cierto es que Agustín Lara, al menos que se sepa de forma fehaciente y comprobada, compuso y registró un total de 445 canciones. De ellas, 162 son boleros, y el resto encierra un universo de estilos, desde el vals al chotis, desde el danzón al pasodoble, desde el fox-trot a, por supuesto, el bolero.

Una y otra vez se dice y se repite hasta la saciedad que El Flaco no inventó el bolero... Ya lo sabemos. Pero casi. Ya es del dominio general, gracias a esta constante repetición, que el bolero fue la genial creación de Pepe Sánchez, un cubano que compuso, allá por 1883, una canción llamada «*Tristezas*». Él inventó el concepto, el ritmo... pero el alma, el alma del bolero, la puso El Flaco.

Jaime Rico Salazar, insigne estudioso de Lara, musicólogo y erudito del bolero, ha contabilizado esa cifra que antes mencionábamos: 445 canciones, pero hay además otras muchas, algunas de la importancia de «*Noche de ronda azul*», que fueron puestas por Lara, por distintas razones, a nombre de su hermana María Teresa.

445 canciones registradas, y quizá un par de cientos más firmadas con seudónimo o puestas a nombre de otras personas... Pero aun así no son todas.

Un enorme legado aún desconocido

Aún quedan más de trescientas inéditas, guardadas con el máximo celo por su heredero, Agustín Lara Lárraga, que simplemente está esperando un buen acuerdo con las multinacionales del disco para que esas canciones, poco a poco, vayan siendo conocidas por el mundo. No todas a la vez, claro está, sino poco a poco, a lo largo de años. Forman un inconmensurable tesoro que todos los cantantes de habla hispana —y no hispana— de hoy quisieran tener. Son el gran legado desconocido de un gigante de la música.

Nunca quiso en vida, en todo caso, hablar de esas canciones inéditas celosamente guardadas. Durante una entrevista que le hicieron sobre este tema, contestó así:

—Maestro, ¿quién guarda los manuscritos de sus canciones?
—A ver... déjame pensar... Ah, sí, ¡mi caja fuerte!
—¿Quiere decir que dentro de esa caja están las letras de setecientas u ochocientas canciones?...
—Bueno, hay algunas cucarachas y uno que otro papelucho por ahí... ¿Letras, dices? Sí, también hay algunas, ¡pero ya están vencidas!

Pero el hecho es que ahí están.

Aparte de las canciones, Lara escribió una opereta, *«El pájaro de oro»*; hizo música para películas hasta el punto de que llegó a ser el más importante compositor de la historia del cine mexicano; a partir de 1931 más de treinta películas, en algunas de las cuales participó hasta como actor, llevan su música, uniendo su nombre a la historia del cine mexicano, pues participó (incluso como actor) en treinta películas, la primera de las cuales fue *«Santa»* (1931), adaptación de la famosa novela del mismo nombre escrita por Federico Gamboa en 1903. Otros títulos importantes en su faceta de compositor para el cine fueron *Virgen de Medianoche* (1941), *Pecadora* (1947), *Revancha* (1948, y en la que Lara aparece tocando el piano), *Tropicana* (1956), o su propia biografía, *La vida de Agustín Lara*, realizada en 1959. De todas hablamos en otra parte de este libro.

Son miles, incontables, los intérpretes que han cantado sus canciones o interpretada su música a lo largo de más de setenta años en todos el mundo; desde aquel memorable Juan Arvizu, su descubridor, hasta hoy, la música de Lara ha sido interpretada por los más grande del mundo; de sus antiguos amigos, los grandes de México, como Toña «La Negra», Pedro Vargas, Consuelo Velázquez, Alejandro Algara, Daniel Santos, las Hermanas Águila, Jorge Fernández, Chavela Vargas o Eugenia León, todos los grandes intérpretes de habla hispana tienen piezas de Lara en sus repertorios; los tuvo Frank Sinatra y hoy los tienen Julio Iglesias, Luis Miguel, Plácido Domingo, Ramón Vargas o unos cuantos cientos de excelentes cantantes de todos los países del mundo. Incluso rockeros como Fito Páez o Luz Casal tienen a Lara en sus repertorios.

En suma: 445 canciones registradas, un par de cientos más puestas a otro nombre... y alrededor de trescientas inéditas. Es decir: casi un millar de canciones. Las mil canciones de un genio.

En las páginas siguientes incluimos los títulos de sus canciones registradas. Por orden alfabético. Más adelante, las letras de algunas de sus obras maestras.

Todas sus canciones registradas

A

A la sombra del guayabal.
A lo macho.
A tus pies.
Abanico.
Adiós.
Adiós del marino, El.
Adiós, mi Juan.
Adiós, Nicanor.
Al fin un beso.
Al sol.
Alguna vez.
Alma.
Alma cancionera.
Alondra.
Amapolita.
Amor de ayer.
Amor de carnaval.

Amor de mis amores.
Amor fatal.
Anoche.
Aprenderé a olvidar.
Aquel amor.
Arabia.
Arráncame la vida.
Arroyito.
Aunque no me quieras.
Aunque quiera olvidarte.
Ausencia.
Aventurera.
¡Ay, ay!
Ay, manito.
Ayer.
Azul.

B

Bamboleo.
Bebé.
Bendita palabra.

Bemellón.
Besa.
Bola negra.

Bonita.
Boca chiquita.
Brindis.

Broadway.
Brujería.
Buscándote.

C

Cabellera blanca.
Cabellera negra.
Cabellera rubia.
Cachito de sol.
Cada noche un amor.
Calla.
Camagüey.
Caminante.
Campanitas de mi tierra.
Canalla.
Cancioncita.
Canta, guitarra.
Cantar del regimiento.
Caña brava.
Capulín.
Cariñito.
Carita de cielo.
Carmen del Chamberí, La.
Casablanca.
Casita blanca.
Castilla.
Cautiva.
Celestina.
Cerca.
Chamaquita.
Cielo, el mar y tú, El.
Cisne.
Clave azul, La.
Clavel sevillano.
Clavelito.
Cofre, El.
Colegiala.

Collar de diamantes.
Como dos puñales.
Cómo eres.
Como la nube se impone el sol.
Cómo te extraño.
Como tú quieras.
Compás de espera.
Concha nácar.
Consejo.
Contraste.
Copla.
Coplas guajiras.
Coquero, El.
Corazón de seda.
Corazón mexicano.
Cordobés, El.
Corrido de Agustín Lara.
Cortesana.
Cortijo, El.
Cosas que suceden.
Crepúsculo.
Crisantema.
Cuando brillen las luces.
Cuando llegaste.
Cuando me miraste tú.
Cuando miras.
Cuando pase tu amor.
Cuando vuelvas.
Cuatro gatos, Los.
Cuatro noches.
Cuerdas de mi guitarra.
Cumbancha, La.

D

De mi vida.
De noche.
De riguroso chotis.
De vuelta.
Decepción.
Déjame.
Desamparada.
Deseo.

Despierta.
Después.
Diferentes momentos.
Dime si me quieres.
Dolorosa.
Dos rosales.
Duda.
Dueña mía.

E

Ella dijo así.
En revancha.
En vano espero.
Enamorada.
Encanto de mujer.
Entre los dos.
Entrega.

Escarcha.
Esclava.
Españolerías.
Espera.
Estoy pensando en ti.
Estrella solitaria.

F

Faraona, La.
Farolito.
Fasiquillo.
Fermín.
Flor de lis.
Floración.

Florecita.
Flores de cafetal.
Frente a frente.
Fue así.
Fugitiva.

G

Gitana.
Gitanillo.
Golondrina.
Gorrioncito.

Gota de miel.
Gota de amor.
Granada.
Guapa, La.

H

Habana.

Hamaca, La.

Hastío.

Honda huella.

Humo en los ojos.

I

Imposible.

Ingrata.

Inquietud.

Inspiración.

J

Jamás.

Janitzio.

Jarana.

Jardín de mis amores.

Joya.

Junto a ti.

Juramento.

L

Labios fríos.

Lágrimas de Francia.

Lágrimas de sangre.

Lágrimas y besos.

Lagunera.

Lamento español.

Lamento jarocho.

Languidez.

Lejanía.

Lejos.

Limosna.

Lo de siempre.

Loza tentación.

Luna, luna, luna.

M

Madrecita mía.

Madrid.

María Bonita.

Marimba, La.

Más tarde.

Me da miedo perderte.

Me dejaste.

Me matarás.

Me voy.

Mensaje.

Mentira.

Mi ley es amarte.

Mi novia.

Mi primer amor.

Mi querer.
Mi reina.
Mía.
Mía no más.
Miedo.
Migaja.
Milagro.
Mírame.
Mirando el mar.

Mire nomás.
Monísima.
Monterrey.
Morena.
Mosiú se puso bravo, El.
Muchacha.
Mujer.
Muñeca.
Murcia.

N

Nacida para amar.
Nadie.
Nadie más.
Naufragio.
Navarra.
Nidito, El.
No.
No eres tú.
No es un sueño.
No me acuerdo.
No puedo.
No quiero.
No sé por qué.

No te perdonaré.
No tengo la culpa.
No volverá.
Noche criolla.
Noche de ronda.
Noche de tango.
Nopalera, La.
Novillero.
Nueva flor.
Nunca más.
Nunca podré besar.
Nunca te olvidaré.

O

Ojos cubanos.
Ojos negros.
Ojos verde mar.
Oración caribe.
Organillero, El.

Orgía.
Orgullo.
Otoño.
Otra vez.

P

Páginas rotas.
Pajarito.
Palabras de ayer.

Palabras de mujer.
Palmera.
Paloma torcaza.

Palomita.
Panquelero, El.
Para adorarte.
Para qué me la quitas (Diosito del alma).
Para siempre.
Para soñar contigo.
Para ti.
Pecadora.
Pensaba que tu amor.
Pensando en ti.
Perdida.
Pervertida.
Pescadora.
Pídeme lo que quieras.
Piensa en mí.
Piénsalo bien.
Playera.
Pobre de mí.
Pobrecita de mi alma.

Poco a poco.
Por el triste camino.
¿Por qué me desprecias?
Por qué negar.
Por qué no he de quererte.
Por qué te vas.
¿Por qué te quiero?
¿Por qué ya no me besas?
¿Por qué ya no me quieres?
Pregón.
Pregón de las rosas.
Primavera.
Primera decepción.
Príncipe vals.
Provinciana.
Puedes irte de mí.
Puerto nuevo.
Puerta de oro, La.
Puñal, El.

Q

¿Qué voy a hacer?
Quién me lo manda.
¿Quién me roba tú amor?
¿Quién si no tú?

¿Quién te quiere más?
Quiéreme.
Quiero.
Quiero que sepas.

R

Rancho de Texas.
Regalo de viaje.
Regresarás.
Reina.
Reliquia.
Reproche.
Rival.
Romance.

Romancera.
Romántica.
Rosa.
Rosa castellana.
Rosa en Francia (Rapsodia en rosa).
Rosarito.
Rubia o morena.
Ruego.

S

Saca los nardos, morena.
Santa.
Se me hizo fácil.
Sé mía esta noche.
Señora tentación.
Señorita sonrisa.
Serenata.
Serenata de ayer.
Serpentina.
Sevilla.
Sí.
Si dejas que te bese.
Si me besaras.
Si pudieras.
Si yo pudiera.
Siempre te vas.
Sígueme.
Silencio.
Sin palabras.
Sin saber por qué.

Sin ti.
Sintiendo una pena.
Silverio.
Sol de Veracruz.
Sola.
Solo y triste.
Solamente una vez.
Soldado.
Sollozo.
Sólo para ti.
Sólo tú.
Sólo una vez.
Sombras.
Soy un pajarito.
Su amado.
Sueño guajiro.
Suerte loca.
Sultana.
Súplica.

T

Talismán.
Tánger.
Tanto he sufrido.
Tardecita.
Te quieres ir.
Te quiero.
Te vendes.
Te vi pasar.
Tehuanita.
Temor.
Tengo celos.
Tengo ganas de un beso.
Tengo mucho miedo.
Tentación.
Tesoro.
Tienes mi corazón.

Tierra mexicana.
Tirana.
Todavía.
Toledo.
Tonadita.
Tú.
Tú lo sabes.
Tu mirar.
Tú no puedes saber.
Tu retrato.
Tu ventana.
Tú volverás.
Tus ojitos.
Tus pestañas.
Tus pupilas.

U

Último beso, El.
Último chotís, El.
Un beso.

Un beso a solas.
Un triste recuerdo.
Una cualquiera.

V

Vacío.
Valencia.
Ven acá.
Vencida.
Vendedora de amor (mujercita).
Ventanita colonial.
Veracruz.

Veracruzana .
Vi pasar, La.
Vida mía.
Vivir es todo.
Viviré para ti.
Vuelve otra vez.

X

Xochimilco.

Y

Ya me voy.
Ya no me acuerdo.
Ya no me hagas llorar.

Yo soy así.
Yucateca.

Z

Zumba.

Así escribía *El Flaco de Oro*

HEMOS seleccionado aquí algunas letras de temas especialmente conocidos o significativos de Agustín Lara. Canciones, boleros, tangos, valses, pasodobles... Simplemente para recordar su forma de componer, de crear poesía. Su innata, asumida y hermosa «cursilería», no parece tal al analizar cualquiera de sus poemas-canciones. Hemos elegido temas tristes, temas alegres, letras cargadas de pena y melancolía, y letras rebosantes de alegría y esperanza... Algunos, como se menciona en otra parte de este libro, están firmados con el nombre de su hermana María Teresa, cosa que Lara acostumbraba a hacer algunas veces para evitar que su producción pareciese demasiado abundante, pero las canciones, todas, eran suyas. Así escribía El Flaco de Oro.

EL ADIÓS DEL MARINO
Bolero

Se acerca la partida
yo me debo marchar,
esto ha sido un descanso
para mi eterno peregrinar.

Me llevo la esperanza
de poder regresar,
me llevo tus recuerdos
que nunca, nunca, se borrarán.

Bésame, negra santa,
como sabes besar;
tú sabes que me encanta
tu manera de amar.

Bésame, pues quién sabe
si no vuelva jamás,
quién sabe si el destino
de entre tus brazos me arrancará.

EL ADIÓS DEL SOLDADO
Danza

Adiós, adiós, lucero de mis noches,
dijo un soldado al pie de una ventana.
Me voy pero no llores, alma mía,
que volveré mañana.

Ya se asoma la estrella de la aurora,
ya se divisa por el oriente el alba,
en el cuartel, tambores y cornetas
están tocando diana.

Horas después, cuando la negra noche
cubrió de luto el campo de batalla,
a la luz de un ¡viva!
pálido y triste, un joven expiraba.

Alguna cosa veía el centinela
que al sentirse morir dijo en voz baja,
soltó el fusil, luego cerró los ojos,
y se enjugó una lágrima.

Hoy cuenta por doquier toda la gente
que cuando asoma, por el oriente, el alba,
en el cuartel, tambores y cornetas
están tocando diana.

Se ve vagar la misteriosa sombra
que se detiene, al pie de una ventana,
y murmura... no llores alma mía
que volveré mañana.

AMOR DE MIS AMORES
Bolero

(Firmado como María Teresa Lara)

Poniendo la mano sobre el corazón,
quisiera decirte al compás de un son
que tú eres mi vida,
que no quiero a nadie,
que respiro el aire
que respiras tú.

Poniendo la mano sobre el corazón,
quisiera decirte al compás de un son
que tú eres mi vida,
que no quiero a nadie,
que respiro el aire
que respiras tú.

Amor de mis amores,
vida de mi alma,
regálame las flores
de la esperanza;
permite que ponga
toda la dulce verdad
que tienen mis dolores,
para decirte
que tú eres el amor
de mis amores.

ARRÁNCAME LA VIDA
Tango

(Firmado como María Teresa Lara)

En esta noche de frío,
de duro cierzo invernal,
llegan hasta el cuarto mío
las quejas del arrabal.

En esta noche de frío,
de duro cierzo invernal,
llegan hasta el cuarto mío
las quejas del arrabal.

Arráncame la vida
con el último beso de amor
arráncala, toma mi corazón.

Arráncame la vida,
y si acaso te hiere el dolor,
ha de ser de no verme,
porque al fin, tus ojos
me los llevo yo.

ARROYITO
Canción

Arroyo claro que en tu murmullo
le das arrullo al cañaveral,
hilito de agua que hace cosquillas
a mi vereda y a mi jacal.

Son tus guijarros un collarcito
con el que adorno mi corazón.
Cuna de planta de la mañana,
que en la montaña se hace canción.

Yo tengo celos, celos mortales,
porque tú bañas su lindo cuerpo lleno de luz.
Y tengo celos de tus espumas y tus cristales,
arroyito de plata, mi rival eres tú.

AUSENCIA.
Bolero

No sé por qué con la distancia
todos mis pensamientos
se avivan más.
Será tal vez esa fragancia
que dejan en el ama
las cosas que se van.

El corazón viajero,
solitario se pregunta:
qué extraño hechizo
tiene la palabra «recordar».
Será tal vez esa fragancia,
que dejan en el alma,
que dejan en el alma,
las cosas que se van.

AVENTURERA.
Canción

Vende caro tu amor, aventurera;
da el precio del dolor a tu pasado;
y aquel que de tu boca la miel quiera,
que pague con brillantes tu pecado.

Ya que la infamia de tu cruel destino
marchitó tu admirable primavera,
haz menos escabroso tu camino;
vende caro tu amor, aventurera.

¡AY, AY!
Canción

Suspirar al tener el alma loca,
llena de misterioso padecer,
y sentir el perfume de tu boca,
aletear en tu cuerpo de mujer.

Suspirar con la tarde que se apaga
en magnífica y roja ensoñación,
y mirar a la luna cómo paga
su tributo de blanca inspiración.

Saber que tú pediste la sonrisa
al besarme fatigada de amor,
y mirar a la luna cómo paga
su tributo de blanca inspiración.

Saber que tú pediste la sonrisa
al besarme fatigada de amor,
y que fue de suspiros la caricia
que en tus ojos de luz dejará el sol.

AY, MANITO
Canción

Un señorito madrileño,
de su vida muy dueño,
y con medio millón,
fue el aeropuerto de Barajas
con dos o tres petacas
y se subió a un avión.

Al día siguiente estaba ahí,
con el sabor de su Madrid,
y pronto se aclimataba,
como en su casa se hallaba,
y de México al hablar
lo hizo con este cantar:

¡Ay…, manito!, qué linda es tu tierra,
qué claro tu cielo, qué ardiente tu sol,
qué verdor de esmeralda en tu campo
que tanto recuerda mi campo español.

Se siente «gato» de verdad,
partiendo plaza en la ciudad;
sería de mala entraña.
morirse sin ir a España,
y por eso en su canción
entregó su corazón.

¡Ay…, manito!, me siento en mí casa
por ser de tu raza, de tu religión;
porque llevo tu sangre de fuego
en mis venas de indiano,
porque soy mexicano
y me siento español.

AZUL
Blues

(Firmado como María Teresa Lara)

Cuando yo sentí de cerca tu mirar
de color de cielo, de color de mar,
mi paisaje triste se vistió de azul
con ese azul que tienes tú.

Es un no me olvides convertido en flor,
es un día nublado que olvidará el sol,
azul como una ojera de mujer,
como un listón azul,
azul de amanecer.

Cuando yo sentí de cerca tu mirar
de color de cielo, de color de mar,
mi paisaje triste se vistió de azul
con ese azul que tienes tú.

Es un no me olvides convertido en flor,
es un día nublado que olvidará el sol,
azul como una ojera de mujer,
como un listón azul,
azul de amanecer.

BRINDIS
Canción

Deshojaré
mis rosas blancas
a tus pies…
Alumbrarás.
como la luna.
alumbra el mar…
Y te daré
la vieja copa de cristal
donde brindé
cuando quise olvidar.

BROADWAY
Fox

Broadway, camino de oro,
rosa de la noche de Nueva York:
cuelga de tus hombros el cielo,
su manto de estrellas.
Y tus hermosas mujeres,
se alumbran con ellas.
Broadway, muchacha rubia,
de ojos azules sin corazón.
¿Quién se robó la sonrisa
más linda del mundo?
Yo ya me voy, Broadway,
adiós, adiós, adiós.

BUSCÁNDOTE
Canción

Por qué no me hablas ya,
qué cosa te hice yo,
por qué no me has de hablar
si está mi corazón
queriéndote, buscándote.

Lo que me hiciste ayer
no tiene ya perdón,
pero a pesar de ver
que matas mi querer
buscándote me voy, me voy... me voy.

CABELLERA BLANCA
Bolero

Junto a la chimenea,
donde hay feria de lumbre,
reza la viejecita
sus cosas de costumbre;
y surge de la hoguera,
entre rojos destellos,
la cadena de duendes
que piena sus cabellos.

Cabellera de plata,
cabellera de nieve,
ovillo de ternuras
donde un rizo se atreve,
escarcha de leyenda
que brilla en mis pesares,
incienso del recuerdo
quemado en mis altares.

Cabellera bendita,
bañada de tristeza,
infierno hecho de llanto
cuajado en tu cabeza;
cabellera nevada,
madeja de oraciones,
para ti es la más blanca
de todas mis canciones.

CABELLERA NEGRA
Bolero

Azabache magnífico
perfumado y brillante,
espejismo de amores
que viven un instante.

Laberinto encantado
convertido en melena
a tu sombra he confiado
los secretos de mi alma,
mi tristeza y mi pena.

Cabellera negra,
cabellera bruna,
noche de romance,
noche de mis besos
bañada con luna.

Cabellera negra
como mi destino,
seda ensortijada
que ha sido embrujada
con filtro divino.

Cabellera linda,
cabellera oscura,
reina de mis lutos,
noche de locura.

Milagrosamente
con ansias fingidas
tu crespón cubriera
todas mis heridas,
negra cabellera.

CANALLA
Tango

Entró en mi corazón, no sé por qué;
de mi vida paria se adueñó,
y a los primeros besos le entregué
la novela doliente de mi amor.
Vi nuevos horizontes en mi ser,
de nuevo la guitarra palpita,
y toda su novela de mujer,
entre amores y besos me contó.
Canalla, mala mujer,
no supiste comprenderme,
si no pudiste quererme,
por qué engañar mi querer.
Ingrata, pudiste ser
la redención de mi vida,
y no curaste la herida,
canalla, mala mujer.
Como todo se paga, tuvo al fin
mis amorosos besos que buscar,
y quiso nuevamente en el bullín,
mis ardientes caricias encontrar.
Tarde fue para entonces, mi querer
no quiso sus ofensas perdonar;
y toda su novela de mujer,
voló como la espuma del champán.

CANTA, GUITARRA
Pasodoble

Bajo el manto plateado
de un sombrero calañés,
unos labios van brindando
las promesas de un querer.
Una guitarra moruna
deja sus notas sonar
y unos ojos agoreros
te fascinan al mirar.
Canta, canta, guitarra;
canta, guitarra mía;
canta, guitarra agorera;
canta, guitarra bravía.
Canta, canta, guitarra;
canta, guitarra mía;
canta, mi guitarra siempre,
que yo en tus notas
pongo mi vida.
En la noche sevillana
tan santera y fragante,
como ofrenda a tu belleza
suena una guitarra mía.
Y va cantando en sus notas
una leyenda de amor,
la guitarra ríe y llora,
llora como un corazón.

CANTAR DEL REGIMIENTO
Marcha

Una musa trágica hizo
de una lágrima un cantar,
el cantar del regimiento
de los hombres que se van.

Cantar del regimiento
envuelto en bandera estás,
con ella vas al viento
hablándole de libertad.

Cantar del regimiento
mil vidas se apartarán,
que me cuide la Virgen Morena,
que me cuide y me deje pelear.

Ya se va mi regimiento,
va cantando, sabe Dios si volverá.

LA CARMEN DEL CHAMBERÍ
Pasacalle

Como diluvio de besos
es tu pañuelo de seda;
así bordan los luceros,
así bordan los luceros
esta noche verbenera.
La ruta de las bengalas
se adueña de todo el cielo,
y el viento de Guadarrama
canta tu amor en secreto,
y el viento de Guadarrama
canta tu amor en secreto.
La Carmen del Chamberí,
mocita de los ojos pintureros,
te llevo muy dentro de mí,
como llevan la Virgen los toreros.
La Carmen del Chamberí,
la niña que a los hombres emociona,
tu figura pinturera
de mujer chambelinera,
te consagra por castiza y chulapona.
Chamberí, Chamberí.

CASITA BLANCA
Danzón

En la playa solitaria,
en la costa en que nací,
hay una casita blanca
que parece de marfil.

Casita blanca de mi niñez,
donde las horas,
donde las noches feliz pasé.
Tiesto fragante, lleno de luz,
cómo me acuerdo
de aquellas noches de Veracruz.

Tiesto fragante, lleno de luz,
cómo me acuerdo
de aquellas noches de Veracruz.

EL CIELO, EL MAR Y TÚ
Canción

El mar, el cielo y tú,
un cuadro encantador
remanso de mis sueños,
nido de palomas,
isla de amor.

En esta noche azul
que invita a enamorar,
la brisa desde Nápoles
te viene a acariciar.

Amor, asómate al balcón
tus ojos quiero contemplar,
comprende que sin ti no vivo,
piensa que la noche
se hizo para amar.

Permíteme turbar
de tu alma la quietud,
recuerda que mi vida
son el cielo, el mar y tú.

CLAVE AZUL
Bolero

(Firmado como María Teresa Lara)

Ya se va la clave azul,
se va el son del Marabú;
ya se va, no volverá
jamás, pero jamás
la clave azul.

Yo te dejo mi canción arrulladora
y me llevo tu mirar de gran señora,
tu mirada fascinante y misteriosa
a través del antifaz color de rosa.

Si recoges el rumor de mis querellas,
temblarán en nuestro idilio las estrellas,
mis alondras a tu voz despertarán
y mis noches de dolor
con tus ojos se iluminarán.

Ya se va la clave azul,
se va el son del Marabú;
ya se va, no volverá
jamás, pero jamás
la clave azul.

CLAVELITO
Bolero

Como divina floración de perlas
en rojo marco de suaves corales,
como una ensoñación de madrigales
que sus mieles me dé para beberlas.

Así quiero tu boca sensitiva,
nido de adoración y de embeleso,
aunque sea la ilusión tan fugitiva
como el sonoro palpitar de un beso.

Así quiero tu boca tentadora,
así quiero llegar a lo infinito,
así dejarte mi alma soñadora.

COMO DOS PUÑALES
Canción

Como dos puñales de hoja damasquina
tus ojitos negros, ojos de acerina,
clavaron en mi alma su mirar de hielo,
regaron mi vida con su desconsuelo.

Tus ojos bonitos, tus ojos sensuales,
tus negros ojitos, como dos puñales.

Quiero ver en tus ojos el anochecer
y cantar la tristeza que hay en tu mirar,
quiero sentirte mía, inmensamente mía,
que asesinen tus ojos sensuales,
como dos puñales, mi melancolía.

CONSEJO
Tango

Habés jugado la última parada,
no tenés ya ni un cuarto que rifar
y sigues emperrao buscando la salida
con la esperanza de volverte a armar.

Habés perdido ya la catadura,
no sos el gran señor que fuiste ayer
y tiene tu mirada reflejos de amargura,
tu corazón empieza a envejecer.

Che viejo, amigo mío,
el dinero es la espuma del hastío;
vos sabés como paga la milonga,
no hagas que me descomponga
si un consejo me pedís.

La vida me ha dejado amarguras
que nunca he confesado;
es mejor que rajés de la ruleta,
no se quede en la carpeta
tu marchito corazón
hoy que de nuevo nos hemos juntado,
porque la vida lo ha querido así,
no encuentro la salida y me siento emperrao,
un consejo te quisiera pedir.

Estoy fallando de manera loca,
no soy mas que la sombra de ayer
y me han envenenado los besos de una boca,
mi corazón empieza a envejecer.

CONTRASTE
Bolero

Después de haber jurado aborrecerte
cuando tanto sufrí para olvidarte
he vuelto, por mi mal, a recordarte,
nació mi corazón para quererte.

Acaso mi secreto sorprendiste
y para ver mi amor sacrificado
cuando yo te engañé, tú me quisiste,
y hoy que sufro por ti, me has olvidado.

CORAZÓN MEXICANO
Canción mexicana

Ay, corazón mexicano,
que cantas alegremente,
quiere estrecharte la mano,
mirándonos frente a frente.
Ay, corazón mexicano,
que cantas alegremente.
Qué caray, qué caray,
corazón mexicano,
si de mi eres hermano,
vamos pues a cantar.
Que caray, que caray,
la canción de tu tierra
y la mía de mi tierra,
se podrán igualar.
Son corazones hermanos,
qunque a alguno no le cuadre,
todos los pueblos hispanos,
hijos de una misma madre,
son corazones hermanos,
aunque a algunos no les cuadre.
La Virgen de Guadalupe
es la madre de este suelo,
sobre nosotros extiende
su manto de cielo
Ay, corazón mexicano,
que cantas alegremente.

EL CORDOBÉS
Pasodoble

Quinientos veintitrés kilos
y de nombre «Cara fea»,
sale el quinto de la tarde
muy bien puesto de cabeza.

Los pasas con una vara
advirtiendo su nobleza
y se adivina en tu cara
que vas a dar la gran faena.

Cordobés...
es tu figura señera
de la fiesta la primera
pa' decirlo de una vez.

Cordobés...
pa' pagarte no hay tesoros
pues te pasas a los toros
al derecho y al revés.

Cuando te sale difícil
la maniobra tú la inventas,
y quién sabe por qué causa
tu muleta se envenena.

Cordobés...
es tu figura señera
de la fiesta la primera
pa' decirlo de una vez.

Cordobés, Cordobés...
con cuatro o cinco trapazos
y dos o tres muletazos
acabaste con el juez...

Cordobés, Cordobés...

CORRIDO DE AGUSTÍN LARA
Corrido

Canciones le doy al pueblo,
porque en el alma les traigo;
yo ya sé que soy muy feo
y que me parezco al diablo;
por andar detrás de un ángel,
por andar detrás de un ángel
y tener muy verde el rabo.
De chamaco tocaba
el órgano de una iglesia;
y después en otras partes,
joven de mala cabeza,
lo que yo vi con mis ojos,
lo que yo vi con mis ojos
ni se dice ni se cuenta.

Primero vino Imposible
y luego Mujer y Rosa;
y más tarde Farolito,
y después Noche de Ronda,
y por fin María Bonita,
y por fin María Bonita,
y en seguida Pecadora.
Mi mente tan soñadora,
pensaba en el exitazo,
y para mi cruel martirio,
y para mayor fracaso,
resulto que Pecadora
la compuso Don Porfirio
cuando fue soldado raso.

CUANDO VUELVAS
Bolero

Te me vas,
te me vas de la vida
como van
las arenas al mar.

Te me vas,
sabe Dios si es mentira,
sabe Dios
si otra vez volverás.

Cuando vuelvas
nuestro huerto tendrá rosas,
estará en la primavera
floreciendo por ti.

Cuando vuelvas
hallarás todas tus cosas
en el sitio que quedaron
cuando quisiste partir.

Cuando vuelvas
virgencita del recuerdo,
pedacito de mi vida,
sueño de mi corazón,

cuando vuelvas
arderán los pebeteros
y una lluvia de luceros
a tus pies se tenderá.

LA CUMBANCHA
Guaracha

Oiga usted cómo suena la clave,
oiga usted cómo suena el bongó,
oiga usted si las maracas tienen
el ritmo que nos mueve el corazón...

Oiga usted cómo suena la clave,
oiga usted cómo suena el bongó,
oiga usted si las maracas tienen
el ritmo que nos mueve el corazón...

Última carcajada de la Cumbancha
llévale mis tristezas y mis cantares,
tú que sabes reír, tú que sabes llorar,
tú que sabes decir
cómo son las noches de mi penar.

Última carcajada de la Cumbancha
llévale mis tristezas y mis cantares,
tú que sabes reír, tú que sabes llorar,
tú que puedes decir
cómo tengo el alma de tanto amar.

LOS CUATRO GATOS
Mazurca

Todo lo que tiene clase
no puede morir;
un ejemplo es la mazurca
y otro el chotís.
Con su música ligera
vienen de Madrid,
y han formado una pareja,
¡vaya parejita!, pa' bailar aquí.
Haga favor, siempre usted,
unos pasitos adelante,
ahora pa'cá,
ahora pa'llá.
Esto se aprende en un instante,
hágalo así, otro compás:
mire que pronto lo aprendió;
esto resulta más bonito
y mucho más elegante
que cualquier foxtrot.
Todos llevan el aire de la mazurca.
Pero es mejor llevarlo
con una turca;
si hay una madrileña
sale mejor,
pero si hay una inglesa
y una japonesa
baile con las dos.
Baile con las dos,
báilela como lo hacen
los Cuatro Gatos.
Juegan los calcetines y los zapatos,
báilela de cabeza si puede usted;
vamos a ver si es cierto,
que es usted castizo
y es usted chipén.

EN SECRETO (CADA NOCHE UN AMOR)
Bolero

Cada noche un amor,
distinto amanecer, diferente visión,
cada noche un amor,
pero dentro de mí sólo tu amor quedó.

Oye, te digo en secreto
que te amo de veras,
que sigo de cerca tus pasos
aunque tú no quieras.

Que siento tu vida
por más que te alejes de mí
que nada ni nadie hará que mi pecho
se olvide de ti,
hará que mi pecho
se olvide de ti.

EN REVANCHA
Bolero

Yo conocí el amor, es muy hermoso,
pero en mí fue fugaz y traicionero,
volvió canalla lo que fue glorioso,
pero fue un gran amor, y fue el primero.

Amor, por ti bebí mi propio llanto,
amor, fuiste mi cruz, mi religión.
Es la justa revancha y, entre tanto,
sigamos engañando al corazón.

Amor, por ti bebí mi propio llanto,
amor, fuiste mi cruz, mi religión.
Es la justa revancha y, entre tanto,
sigamos engañando al corazón...
sigamos engañando al corazón.

EN VANO ESPERO
Canción

Hace tiempo que dijo que vendría,
con un beso prometió volver;
y más tarde sentí que la quería
como nunca he querido a otra mujer,
como nunca he querido a otra mujer.

Sé que no has de volver, yo lo adivino,
y en este adivinar me desespero,
qué he de hacer si aguardar es mi destino,
sé que no has de volver y yo te espero.

Sé que no has de volver, yo lo adivino
y en este adivinar me desespero,
qué he de hacer si aguardar es mi destino,
tú nunca llegarás y yo te espero.

ENTRE LOS DOS
Canción

Entre los dos
murió la luz del sol,
ya terminó
nuestra historia de amor.

Mi corazón
dejó de palpitar,
porque ya no hay
ternura en tu mirar.

Si vieras tú
qué doloroso es no saber
por qué se derrumba un querer
que fue en otro tiempo locura.

Dímelo a mí
que yo lo callaré,
ya nuestro amor
jamás ha de volver.

ESCARCHA
Bolero

Mira, corta esos males
la doliente ansiedad
que me fatiga.
Mira, yo te idolatro
aun cuando tu desprecio
me castiga.

Cuando la escarcha pinte su dolor,
cuando ya estés cansada de sufrir,
yo tengo un corazón para quererte,
un nido donde tú puedes vivir.

Blanco diván de tul aguardará
tu exquisito abandono de mujer;
yo te sabré besar, yo te sabré querer,
yo haré palpitar todo tu ser.

ESTOY PENSANDO EN TI
Bolero

(Raúl Sampaio y Benil Santosñ.
Agustín Lara, autor de la versión en español)

Estoy pensando en ti, llorando,
en un lamento
el dulce viento
llora conmigo;
estoy pensando en ti, llorando,
en el camino
que mi destino
modificó.

Estoy pensando en ti, llorando,
la noche es bella,
llena de estrellas,
mas qué me importa;
estoy pensando en ti
llorando tanto
que a donde vayas
te ha de seguir
lo amargo de mi llanto.

ESTRELLA SOLITARIA
Bolero

Como una estrella solitaria
que brillara en el mar
pequeña y triste,
así por un momento sentí el alma
divina en su orfandad...
Quizá por un instante
nada más que comprendiste
o Dios quiso que fuera en mi pobreza
el solo dueño de la inmensidad.

Y así solo, solito en el mundo,
como aquel lucero,
así vivo pensando que el cielo
entre sus zafiros me ha de recoger...
Y allá arriba no seré tu esclavo,
ni tu prisionero,
simplemente con mi luz más bella
yo seré la estrella de tu anochecer.
Simplemente con mi luz más bella,
yo seré la estrella de tu anochecer...

LA FARAONA
Canción

Era una mocita, no sabía del mundo,
tenía dos ojazos, pero nada más;
no miraba a nadie porque ya era mía,
tan mía como el cielo que me hizo cantar.

Por aquel desprecio que yo regalaba
alguien «la Faraona» me empezó a llamar,
y yo no hice caso de aquella lisonja,
yo seguí mis pasos sin mirar atrás.

Pero un día me enamoré
y se desbordó mi pena,
y se volvió llanto y sangre
toda mi carne morena.

Desde entonces lo juré:
«La Faraona» se divierte
y «Faraona» seguiré
en la vida y en la muerte.

Por aquella risa
de mis castañuelas,
por mis taconcitos
hechos de cristal.

Por la sangre mora
que corre en mis venas,
yo puedo jurarlo:
todo me da igual.

Todos los piropos, todos los requiebros,
eran un lenguaje pa' mí familiar;
despreciando rangos, joyas y dinero
yo seguí mis pasos sin mirar atrás.

Pero un día me enamoré
y se desbordó mi pena,
y se volvió llanto y sangre
toda mi carne morena.

Desde entonces lo juré:
«La Faraona» se divierte
y «Faraona» seguiré
en la vida y en la muerte.

FAROLITO
Vals

Farolito que alumbras apenas
mi calle desierta,
cuántas noches me has visto llorando
llamar a su puerta.

Sin llevarle más que una canción,
un pedazo de mi corazón,
sin llevarle nada más que un beso
y friolento y travieso, amargo y dulzón.

FUE ASÍ
Canción

Tanto tiempo sin verte, no me acuerdo de ti:
si eres rubia o morena, no lo sabré decir:
pero en cambio, cuando hablas, reconozco tu voz,
porque son tus palabras quejas del corazón.

Fue así, la noche invitaba a soñar
y tú quisiste junto a mí soñar:
lugar, esquina de cualquier café,
hablar, seguirte sin saber por qué.

Después, la vida hizo todo,
lo que siempre pasa tuvo que pasar;
pero hay algo que no es todo,
que tiene una historia que me hace soñar.
Fue así, la noche invitaba a soñar
y tú quisiste junto a mi soñar.

EL GITANILLO
Pasodoble

Junto a una mancha de sangre
que el sol se quiere beber
hay un ramo de claveles
y un sombrero cordobés.

La tarde es una Manola
que te espera en su balcón,
que nunca sus ojos vieron
a nadie torear mejor.

Aletear en los tendidos,
palomas que se estremecen,
rosas que fueron suspiros
y que en un manto florecen.

Emoción de panderetas
en el alma de un torero,
farolazo que alumbrara
la cara del mundo entero.

Emoción de panderetas
en el alma de un torero,
farolazo que alumbrara
la cara del mundo entero.
Torero, torero...

GOLONDRINA
Canción

(Firmado como María Teresa Lara)

Golondrina de volar ligero,
golondrina que rozas mi alero,
llegaste a mi ventana
cuando yo componía
uno de tantos salmos
de mi melancolía...

Golondrina que rozas mi vidriera
con tus alas de negro terciopelo,
golondrina fugaz y aventurera
que arrullas tus quereres junto al cielo.

Golondrina de vuelo trashumante
que tu ruta de amores has perdido,
yo te daré calor vivificante,
junto a mi corazón tendrás tu nido.

GRANADA
Pasodoble

Granada, tierra soñada por mí,
mi cantar se vuelve gitano cuando es para ti;
mi cantar hecho de fantasía,
mi cantar, flor de melancolía, que yo te vengo a dar.

Granada, tierra ensangrentada en tardes de toros;
mujer que conserva el embrujo de los ojos moros;
te sueño rebelde y gitana, cubierta de flores,
y beso tu boca de grana, jugosa manzana.
que me habla de amores

Granada, Manola cantada en coplas preciosas;
no tengo otra cosa que darte que un ramo de rosas;
de rosas de suave fragancia.
que le dieron marco a la Virgen Morena.
Granada, tu tierra está llena
de lindas mujeres, de sangre y de sol...

HABANA
Fox

Habana, princesa del Caribe
yo te ofrezco mi cantar.
Habana, cuando tu mano escribe
quieren mis ojos llorar.

Déjame que ponga en tu regazo
mi ferviente gratitud;
Habana, Veracruz en La Habana,
cielo y mar la misma vibración,
tu estrellita solitaria
la llevo en el corazón.

HUMO EN LOS OJOS
Canción

Humo en los ojos
cuando te fuiste,
cuando dijiste, muerta de angustia:
ya volveré...

Humo en los ojos
cuando volviste,
cuando me viste antes que nadie,
no sé por qué...

Humo en los ojos
al encontrarnos,
al abrazarnos
el mismo cielo se estremeció...

Humo en los ojos,
niebla de ausencia
que con la magia de tu presencia
se disipó...

IMPOSIBLE
Bolero

Yo sé que es imposible que me quieras
que tu amor, para mí, fue pasajero,
y que cambias tus besos por dinero,
envenenando así mi corazón...

No creas que tus infamias de perjura
inciten mi rencor para olvidarte,
te quiero mucho más, en vez de odiarte,
y tu castigo se lo dejo a Dios.

LA VI PASAR
Blues

Hoy te he mirado,
sin quererlo te he mirado
a mi lado pasar,
pasar muy cerca de mí.

Aquellos ojos
dos cristales
que otro tiempo
reflejaron mi amor
no se fijaron en mí.

Tenía yo tantas cosas que decirte
y tanto que contarte
que no te pude hablar.

Me tuve que tragar mi sentimiento
no supe de tu aliento
no más te vi pasar.

Hoy te he mirado,
sin quererlo te he mirado
a mi lado pasar,
pasar muy cerca de mí;
me dejaste llorando,
llorando por ti.

LAMENTO JAROCHO
Bolero

(Firmado como María Teresa Lara)

Canto a la raza, raza de bronce,
raza jarocha que el sol quemó.
a los que sufren, a los que lloran,
a los que esperan les canto yo.

Alma de jarocho que nació morena,
talle que se mueve son vaivén de hamaca,
carne perfumada con besos de arena,
tardes que semejan paisajes de laca.

Boca donde gime la queja doliente
de toda una raza llena de amargura;
alma de jarocho que nació valiente
para sufrir toda su desventura,
para sufrir toda su desventura.

LOCA TENTACIÓN
Bolero

Tanto adoré su virginal pureza
que al fin vencí sus últimos sonrojos,
loco por ti, sus labios de cereza,
esos labios, tan lindos y tan rojos.

Bésame mucho, bésame más,
que mis anhelos encenderás,
tus labios tienen dulce sabor,
tienen aroma, como la flor.

En esa boca quiero beber
las dulces mieles de tu querer,
en esa boca de corazón,
ven y sofoca mi loca tentación.

MADRID
Chotís

Cuando vayas a Madrid,
chulona mía,
voy a hacerte emperatriz
de Lavapiés,
y alfombrarte de claveles
la Gran Vía,
y bañarte con vinillo de Jerez.

En Chicote un agasajo postinero
con la crema de la intelectualidad;
y la magia de un piropo retrechero
más castizo que la calle de Alcalá.

Madrid, Madrid, Madrid,
pedazo de la España
en que nací.
Por algo te hizo Dios
la cuna del requiebro
y del chotís.

Madrid, Madrid, Madrid,
en México se piensa mucho en ti,
por el sabor que tienen tus verbenas,
por tantas cosas buenas que soñamos
desde aquí.

Y vas a ver lo que es canela fina
y armar la tremolina
cuando llegues a Madrid.

MARÍA BONITA
Vals

Acuérdate de Acapulco, de aquellas noches,
María Bonita, María el alma,
acuérdate que en la playa, con tus manitas
las estrellitas las enjuagabas.

Tu cuerpo del mar juguete, nave al garete,
venían las olas, lo columpiaban.
y mientras yo te miraba, lo digo con sentimiento,
mi pensamiento me traicionaba.
Te dije muchas palabras, de esas bonitas
con que se arrullaban los corazones,
pidiendo que me quisieras,
que convirtieras en realidades mis ilusiones.

La luna, que nos miraba
ya hacía un ratito,
se hizo un poquito desentendida,
y cuando la vi escondida,
me arrodillé pa'besarte
y así entregarte toda mi vida.

Amores habrás tenido, muchos amores,
maría Bonita, María del alma,
pero ninguno tan bueno ni tan honrado
como el que hiciste que en mí brotara.

Lo traigo lleno de flores, como una ofrenda,
para dejarlo bajo tus plantas.
Recíbelo emocionada,
y júrame que no mientes
porque te sientes idolatrada.

MENSAJE
Bolero

Soy como un pájaro herido,
mis noches no tienen luna
desde que mi último nido
la ingrata fortuna vino a deshacer.

Paso las horas sin verte
y vuela mi pensamiento
para no dar a mis ojos
el dulce tormento de volverte a ver.

Comprende que es mejor
lo que ha pasado por tu bien,
tenemos un derecho
sacrosanto, cada quien,
tú debes seguir por donde vas
la vida es una sola y nada más
lo mismo nos acerca
que nos vuelve a separar.

Soy como un pájaro herido,
mis noches no tienen luna
desde que mi último nido
la ingrata fortuna vino a deshacer.

Paso las horas sin verte
y vuela mi pensamiento
para no dar a mis ojos
el dulce tormento de volverte a ver.

MI PRIMER AMOR
Bolero

(Firmado como María Teresa Lara)

Amor, siento que llega
el dulce momento
de rendir mi corazón.

Con él mi alma te entrega
toda el ansia que brota en mi boca
como una bendición.

Yo soñé que tú eras mi primer amor.
Tuve la sorpresa del primer amor.
A través del tiempo yo te seguiré,
y para adorarte sólo viviré.

Emoción divina nos conmoverá.
Cuando yo sea tuya como mío serás.
Sobre nuestro idilio encantador
ponen las estrellas su esplendor,
déjame entregarte mi primer amor...

Emoción divina nos conmoverá.
Cuando yo sea tuya como mío serás.
Sobre nuestro idilio encantador
ponen las estrellas su esplendor,
déjame entregarte mi primer amor...

MI REINA
Blues

Un pedazo de cielo con estrellas
tu manto formará, y a tu paso
vasallos y doncellas asé te cantarán:
reina, mi reina, tu mejor diadema
esté en tus cabellos que la brisa peina.
Reina, bonita, los duendes robaron
las perlas mejores para tu boquita.
Oye, señora, tus ojos fascinan,
con la primavera su lumbre devora.
Reina, preciosa, quiero que me incendies,
quiero que me mate tu mirar de diosa,
reina, mi reina.

MI ÚLTIMO AMOR
Bolero

Bendito Dios, que puso en mi camino
a esa mujer que fue mi último amor,
dejé de ser un triste peregrino
cuando me dio su miel y su calor.

Dejé pasar toda una vida entera
para encontrar al fin mi último amor
y en ese amor hallé, quién lo creyera,
la paz que tanto ansió mi corazón.

MÍA NOMÁS
Bolero

(Firmado como María Teresa Lara)

Latieron dos corazones
juntando su desvarío,
uno tenía que ser el tuyo,
y el otro debía ser mío.

Quiso la vida juntarlos
como el amargo a la hiel
nadie podrá separarnos
si tú eres mujer... mujer.

Yo no quiero que nunca me dejes,
que nunca te alejes de mí...
que sean tus palabras
las dulces promesas que yo te pedí.

Que rasgue tu pecho la queja
de mi alma como una oración
que no me traiciones,
que me lleves dentro
como una obsesión.

Yo quiero pedirle a la vida
clemencia una vez nada más,
y que ella, en voz baja, te diga
si acaso me has visto llorar,

llorar de tristeza, llorar de alegría,
mirándote ajena, mirándote mía...
pero mía nomás.

Yo no quiero que nunca me dejes,
que nunca te alejes de mí...
que sean tus palabras
las dulces promesas que yo te pedí...

MILAGRO
Bolero

Milagro del destino
que anima mi querer,
lucero en mi camino,
lucero hecho mujer.

De nuevo tus rubores florecieron,
mis tardes de recuerdos se encendieron,
tus manos con calor se estremecieron
y tus labios mis labios perfumaron.

Volvió con el añil de tus ojeras
la sombra que a mis besos le faltaba,
lloraron tus pupilas traicioneras
y se apagó la sed que me mataba.

MÍRAME
Fox

Hago de mis palabras
la más linda canción,
súplica que es blasfemia
llanto del corazón.

Mírame,
mírame con tus ojos
que son dos luceros
que Dios puso en mi corazón.

Mírame,
mírame que al mirarme
me das un remanso de paz
y una nueva canción.

Mírame,
mírame siquiera por saber
lo que tú puedes hacer
tan sólo con mirar.

Mírame,
mírame aunque ciego después
no te mire otra vez
y me ponga a llorar.

MONÍSIMA
Danzón

Con una dulce melancolía,
con sobresaltos de ruiseñor,
con inquietudes que todavía
llenan de rosas esplendorosas
mi corazón.

Como un murmullo de cascabeles,
como eco vago de una canción,
besando el oro de tus caireles
te ofrecí, loco, todas las mieles
de mi pasión.

Monísima mujer,
divina ensoñación
que supo conmover
mi muerto corazón.

Eres en mi penar
dulce palpitación,
arrullo que acaricia,
rosal en floración.

Burbuja de un cóctel
hecho con todo amor,
que ha quebrado la copa
de mi negro dolor.

Monísima mujer,
divina ensoñación,
cristal en que la vida
sus ansias reflejó.

MUJER
Bolero

Mujer, mujer divina,
tienes el veneno que fascina
en tu mirar.

Mujer alabastrina,
tienes vibración
de sonata pasional.

Tienes el perfume
de un naranjo en flor
el altivo porte de una majestad.

Sabes de los filtros
que hay en el amor,
tienes el derecho de la liviandad.

La divina magia
de un atardecer
y la maravilla de la inspiración.

Tienes en el ritmo de tu ser,
todo el palpitar de una canción,
eres la ilusión de mi existir...
mujer.

EL MOSIÚ SE PUSO BRAVO
Java

El mosiú se puso bravo y con razón,
porque la ama se ha largao,
porque la ama se ha largao con un siñió.
No para e regañá y no viene a comé
y no quiere dormí.
¡Ah, pobre mosiú!,
que se le fue la mujer por la mañana;
ya no va al mercao,
ni compra el mandao ni trae el campú.
Y todo el barrio parece enterao
que está enamorao, que perdió el albur.
¡Ah!, pobre siñió; ¡ah!, pobre mosiú;
yo quiere llorá porque sufre tú,
pero no te ocupe que yo conoce bruja
que por cuatro pesos lo puede arreglar.
Le roba un pañuelo y se lo pue entregá,
y la niña vuelve, vuelve muy mansita,
vuelve sin la prenda, pero volverá.
Y el mosiú que es bueno, y el mosiú que es noble,
y el mosiú que es hombre, ¡caramba!...
Que la perdonará, ¡caramba!...
Y no la estrangulará, ¡caramba!...
Y la besará, ¡caramba!...
Que la perdonará.

MURCIA
Pasodoble

(Firmado como María Teresa Lara)

Murcia es un rosal,
es un cantar,
rinconcito del que Dios no se olvidó
y que tiene luz
y tiene sol,
tiene espinitas de quejumbre para cada flor.

Murcia es la rosa de España, ay, ay, ay,
Murcia es la rosa de grana, ay, ay, ay,
son las mujeres de Murcia, floración
de rosas en botón
que clavan sus espinas
porque tiene tu suelo más rosas que un mantón;
es un puñado de flores
bajo el sol.

Y si tus besos son pétalos
de púrpura
deshójalos, júntalos,
dámelos todos a mí.

NAUFRAGIO
Bolero

De aquel sombrío misterio de tus ojos
no queda ni un destello para mí;
y de tu amor de ayer, sólo despojos
naufragan en el mar de mi vivir.

No te debía querer, pero te quise;
no te debía olvidar, y te olvidé;
me debes perdonar el mal que te hice
que yo, de corazón, te perdoné.

No te debía querer, pero te quise;
no te debía olvidar, y te olvidé;
me debes perdonar el mal que te hice
que yo, de corazón, te perdoné.

NOCHE DE RONDA
Vals

(Firmado como María Teresa Lara)

Noche de ronda, qué triste pasas,
qué triste cruzas por mi balcón.
noche de ronda, cómo me hieres,
lómo lastimas mi corazón.

Luna que se quiebra
sobre la tiniebla de mi soledad, ¿adónde vas?
dime si esta noche
tú te vas de ronda como ella se fue, ¿con quién está?

Dile que la quiero
dile que me muero de tanto esperar,
que vuelva ya,
que las rondas no son buenas,
que hacen daño, que dan penas,
que se acaba por llorar.

NUNCA MÁS
Bolero

Nunca más
habrá una sombra
en nuestros corazones;
nunca más
nuestras dos vidas
se separarán.

Es verdad,
tuvimos tantas
equivocaciones,
que es tiempo de poner
un velo de piedad
a todo lo de ayer.

Nunca más
nos llegarán
del mundo las ruindades;
perdonar
y la mirada
no volver atrás.

Quiera Dios
que nuestras vidas
se hagan realidades
y que ningún rencor
empañe nuestro amor
ya nunca, nunca más.

ORACIÓN CARIBE
Canción

(Firmado como María Teresa Lara)

Oración Caribe
que sabe implorar
salmo de los negros
oración del mar...

Piedad, piedad para el que sufre,
piedad, piedad para el que llora
un poco de calor en nuestras vidas
y un poquito de luz en nuestra aurora.

Piedad, piedad para el que sufre,
piedad, piedad para el que llora
un poco de calor en nuestras vidas
y un poquito de luz en nuestra aurora.

EL ORGANILLERO
Danzón

Cantando por el barrio del amor
se cansa mi organillo de llorar,
se mete en las ojeras su rumor
y se oye por todita la ciudad
Ya se va el organillero
con su tema juguetón,
que es olvido y que es amor;
y se aturde todo el barrio
y se salta el corazón
cuando canta su canción.

En sus quejas dolorosas
cuántas cosas me contó;
sonecito callejero,
lastimero y juguetón
Ya se va el organillero,
nadie sabe adónde va,
dónde guarda su canción;
pobrecito organillero,
si el manubrio te cansó
dale vuelta al corazón.

ORGULLO
Bolero

Entre tus labios jugará la brisa,
cuando te diga yo lo que te quiero,
cuando pueda decirte lo que lloro,
cuando pueda decirte que me muero.

En tus pupilas brillará el orgullo
y tus desdenes sangrarán mi herida,
mientras con la esperanza de ser tuyo
voy por la negra selva de mi vida.

Tú eres para mí como la primavera que se va;
detrás de ti, perfumes que ya nunca volverán;
oye mi triste ruego, luego te puedes reír;
no me importa tu despego,
te seguiré queriendo hasta morir.

PALABRAS DE MUJER
Bolero

Palabras de mujer
que yo escuché
cerca de ti, junto de ti muy quedo,
tan quedo como nunca,
las quiero repetir
para que tú, igual que ayer,
las digas sollozando,
palabras de mujer.

Aunque no quiera yo
ni quieras tú,
lo quiso Dios
hasta la eternidad
te seguiré, mi amor,
como una sombra iré,
perfumaré tu inspiración,
y junto a ti estaré
también en el dolor.

Aunque no quiera yo
ni quieras tú,
lo quiso Dios
hasta la eternidad
te seguiré, mi amor,
hasta en tus besos me hallarás,
hasta en el agua y en el sol
aunque no quieras tú,
aunque no quiera yo.

PALMERA
Canción

Hay en tus ojos
el verde esmeralda
que brota del mar.
Y en tu boquita
la sangre marchita
que tiene el coral.

Y en las cadencias
de tu voz divina
la rima de amor.
Y en tus ojeras
se ven las palmeras
borrachas de sol.

Hay en tus ojos
el verde esmeralda
que brota del mar.
Y en tu boquita
la sangre marchita
que tiene el coral.

PALOMA TORCAZA

(Letra: Jacobo Delevuelta / Música: Agustín Lara)

Vuela paloma torcaza,
vuela paloma cucú,
anda a buscarla a su casa
para algo le hablas de tú.

Vuela, paloma torcaza,
vuela, paloma cucú,
anda a buscarla a su casa, paloma currucucú.

Abre tus alitas sin decir ni cuándo,
porque de seguro te está esperando,
dile que en mis ojos el dolor se asoma
véselo a decir, paloma.

Dile que por ella me atormenta el celo,
llévale esta carta sin tardar, con la bendición del cielo
paloma, échate a volar.

Paloma cucú,
paloma currucucú...

PECADORA
Bolero

Divina claridad la de tus ojos,
diáfanos como gotas de cristal,
uvas que se humedecen con sollozos,
Sangre y sonrisas juntas al mirar...
Sangre y sonrisas juntas al mirar...
Sangre y sonrisas juntas al mirar.

¿Por qué te hizo el destino pecadora
si no sabes vender el corazón?
¿Por qué pretende odiarte
quien te adora?
¿Por qué vuelve a quererte
quien te odió?
Si cada noche tuya es una aurora,
si cada nueva lágrima es el sol,
¿por qué te hizo el destino pecadora
si no sabes vender el corazón?

PIENSA EN MÍ
Bolero

Si tienes un hondo penar, ¡piensa en mí!
Si tienes ganas de llorar, ¡piensa en mí!
Ya ves que venero
tu imagen divina,
tu párvula boca
que siendo tan niña
me enseñó a pecar
¡Piensa en mí... cuando beses!

Cuando llores..., ¡también piensa en mí.
Cuando quieras quitarme la vida,
no la quiero para nada,
¡para nada me sirve sin ti...!
¡Piensa en mí... cuando beses!
Cuando llores..., ¡también piensa en mí!
Cuando quieras quitarme la vida,
no la quiero para nada,
¡para nada me sirve sin ti...!

Fuentes consultadas:

— ÁLVAREZ CORAL, Juan: *Biografía de Agustín Lara.*
— BUSTOS, Juan: *Agustín Lara y su tiempo.* Periódico *Ideal* (Granada), 6 de octubre 1997.
— GRANT WOOD, Andrew: *Agustín Lara and the Golden Age of Mexicam Cinema.*
— MARTÍNEZ, José Luis (Notimex): *The legend of Agustín Lara: exquiste sinner.* Granma Internacional. Electronic edition. Havana, Cuba.
— TAFUIT, Pilar: *Boleros. Los grandes éxitos* (Power CD). Mediasat Group Ltd.
— PACO I. TAIBO I.: *La música de Agustín Lara en el cine.*

Índice